中公新書 2359

池内 敏著

竹島——もうひとつの日韓関係史

中央公論新社刊

はしがき

現在、義務教育で用いられる社会科教科書には「竹島は日本固有の領土である」と明記するよう指導がなされている。その結果、たとえば二〇一五年二月発行（二〇一一年三月文部科学省検定済）の中学校地理の教科書では次のように記される。

北海道の東にある北方領土は、歯舞《はぼまい》群島、色丹《しこたん》島、国後《くなしり》島、択捉《えとろふ》島から成り立っています。周辺の海域は、かにやこんぶなどの水産資源にめぐまれており、かつては多くの日本人がくらしていた日本固有の領土です。……日本海上の竹島は日本固有の領土ですが、韓国が占拠しており、対立が続いています。また、日本固有の領土である尖閣《せんかく》諸島については、中国がその領有を主張しています。

（『新しい社会地理』東京書籍、一一七頁。傍線は引用者、以下特に記さない限り同様）

右の中略部分は北方領土に関わる一八〇字ほどの具体的な記述だから、竹島については、具体的な説明は省かれたまま、「竹島は日本固有の領土」であることが指摘されるにとどまる。したがって、このままでは、どのような事実を根拠として「竹島は日本固有の領土」であることが主張できるのかがわからないし、現実には「韓国が占拠しており、対立が続いて」いることの背景もよくわからない。

こだわりはじめれば「固有の領土」という言葉遣いも実はよくわからない。先の教科書の記述では、北方領土について「かつては多くの日本人がくらしていた日本固有の領土です」とあるから、「かつて」「多くの日本人がくらしていた」ことが「固有の領土」の要件だとする読解もありうる。あるいは「日本固有の領土」という以上は「もともと日本のものである」とする理解もありうるし、「もともと」というのは「旧来から」の意味だから「むかしから日本の領土である」という意味だと思っても不思議ではない。

けれども、領土問題に詳しい人に聞けば、たちどころにこう言われるだろう。日本外務省のいう「日本固有の領土である」という公式見解は、「むかしからずっと日本の領土であった」という意味ではない、と。

「固有の領土」なる語は、一九五五年、日ソ国交交渉に際して使われはじめ、その意味は、たとえば外務省パンフレット『われらの北方領土』（一九八七年版）で「北方四島は……いまだかつて一度も外国の領土となったことがないという意味で、わが国固有の領土です」と説明される。

北方領土は、歴史を遡《さかのぼ》って行けば行くほど「もともと日本のものであった」とは言えないところに、こうした用語の生み出された要因がある。少なくとも江戸時代まではアイヌの生活圏だった北方領土は、江戸幕府の支配下にはなかったから、古くからの日本領とは言いがたい。尖閣諸島を「固有の領土である」と述べる場合でも「固有の」の指し示す内容は同様である。こちらもまた江戸時代以前は琉球《りゅうきゅう》王国の支配圏に含まれていたから、沖縄が日本領に含まれるようになる近代初頭に到るまでは日本の領土であったとは言いがたい。だから、歴史を遡ると日本領であったとは言えないが、「いまだかつて一度も外国の領土となったことがない」から「日本固有の領土」だ、という論法なのである。

さて、竹島の場合にはどうなのだろうか。竹島についても「日本固有の領土である」とされているし、ここにいう「固有の」の意味は北方領土、尖閣諸島の場合と変わらないはずである。竹島もまた、歴史を遡ると日本領であったとは言えないが、「いまだかつて一度も外国の領土となったことがない」から「日本固有の領土」だと説明されるのだろうか。

義務教育で使用する教科書や教師用指導書には、そのあたりのことが十分に書かれているわけではない。そうしたときに学校教師は生徒たちに、その発達段階に応じてわかりやすく「竹島は日本固有の領土である」由縁《ゆえん》を説明してくれるだろうか。それとも、配当された時間数はわずかだから細かな説明をする余裕はないだろうか。あるいは「竹島は日本固有の領土である」というフレーズを頭にたたき込みさえすれば、それでよいだろうか。

本書は、「竹島は日本固有の領土である」ことを手っ取り早く理解するための百問百答式の本ではないし、「竹島は日本固有の領土である」ことを学校現場で効率よく教えるためのハウツー本でもない。その代わりに、「広い視野に立って」「諸資料に基づいて多面的・多角的に考察」(文部科学省中学校学習指導要領・社会) することを通じて、竹島とわが国との関わりを歴史的事実に基づいて、できる限り詳細に明らかにする。そして、竹島の問題にあっても「我が国と諸外国の歴史や文化が相互に深くかかわっている」(同前) ことをきちんと見据えて分析し、「竹島は日本固有の領土である」と述べることの意味を省察しようとするものである。

ところで、現在、日本外務省と韓国外交部はそれぞれに竹島 (韓国名は独島《ドクト》) 領有の正当性を主張するのに、ホームページ (以下、HP) 上で動画を公開し、広報資料としてフライヤー、パンフレットおよび冊子 (『竹島　竹島問題10のポイント』『韓国の美しい島　独島』) をダウンロードできるようにしてある。日本外務省のものは、日本語、英語、韓国語のほかに中国語（簡体字と繁体字）、アラビア語、フランス語、ドイツ語、イタリア語、ポルトガル語、ロシア語、スペイン語で公開され、韓国外交部のものは、韓国語、英語、日本語のほかに中国語（簡体字）、フランス語、スペイン語、ロシア語、アラビア語、ヒンディー語、イタリア語、ドイツ語、ポルトガル語で公開されている。したがって、これら広報資料は、日韓間における主張の応酬というだけでなく、日韓それぞれの主張の正当性を国際的に発信しようとするものである。

さて、これら何通りかの広報資料のうち、最も詳細な記述がなされた冊子『竹島　竹島問題10のポイント』『韓国の美しい島　独島』をもとにして、現段階における日韓両政府の主張を整理しておこう。これらでは相手側主張への反駁《はんばく》も少なからぬ分量を占めているが、まずは竹島（独島）領有の正当性が自らにあることの論拠を何に求めているかに留意しておく。

そうすると、韓国側の主張は、以下の①〜⑤の五点からなる。

①一五世紀から二〇世紀に到る地誌に見える于山島が独島のことを指し、鬱陵島《ウルルン》と独島は常に一括して現れるから、独島は地理的に鬱陵島の一部として把握できる。

②一七世紀末の鬱陵島争界（日本側のいう元禄《げんろく》竹島一件）によって、鬱陵島と独島が韓国領

であると確認された。
③一八七七年の明治政府による太政官指令で独島は日本領ではないことが確認された。
④一九〇〇年一〇月の大韓帝国勅令第四一号によって、独島は鬱陵島の一部であると確認された。
⑤第二次世界大戦後、カイロ宣言、ポツダム宣言、SCAPIN（連合軍最高司令部訓令）第六七七号・第一〇三三号を経て、サンフランシスコ平和条約で独島は韓国領として確認された。

一方、日本側の主張は以下の㋐〜㋕の六点である。


㋐一七世紀半ばにはわが国は竹島に対する領有権を確立した。

㋑元禄竹島渡海禁令によっても現在の竹島への渡海は禁止されなかった。

㋒日本人は古来から竹島を認知してきた（例示するのは一八世紀の古地図）。

㋓一九〇五年の竹島を日本領に編入するとの閣議決定により、竹島に対する領有権を再確認した。

㋔サンフランシスコ平和条約で竹島が日本領として確認された。

㋕一九五一年のSCAPIN第二一六〇号およびサンフランシスコ平和条約後の日米行政協定により、竹島は在日米軍の爆撃訓練地域とされた。

なお、日本側は韓国側主張の①②④⑤を批判するが、③には触れない。また、③④を除けば、残りの論点は日本側、韓国側を問わず一九五〇～六〇年代の日韓間の竹島論争時に淵源《えんげん》をたどりうる。

さて、一九五〇年代頃には主張されていた論点が後に取り下げられたり、研究の進展にともなって評価替えが行われたり、新たな論点が浮上したりしてきた。とりわけ二〇〇〇年代以後には実証水準が飛躍的に高まったから、現状では議論はかなり煮詰まっている。こうした点を踏まえつつ、概《おおむ》ね論点の対象とする時系列に従って、第一章からの論述を進めてゆきたい。

【付記】

現在の鬱陵島と竹島（独島）が史料上どのような名前で現れるかについて、少々繁雑ながら、以下の点をあらかじめ承知置きいただきたい。議論や理解がいささか混乱しがちだからである。実際にも竹島論争の初期段階では島名の誤認によって議論が混乱した。

現在の鬱陵島は、江戸時代日本では「竹島（磯竹島）」と呼ばれた。明治以降は「松島」と呼ばれることが多いが、旧来どおり「竹島（磯竹島）」と呼ばれる場合もある。

一方、現在の竹島は、江戸時代日本では「松島」と呼ばれた。明治以降は「りゃんこ（島）」と呼ばれる事例がいくつか見られ、一九〇五年一月の日本領編入に際して「竹島」なる島名が与えられた。

これら島名の変遷のうち、「竹島」と「松島」の現れ方についての通説は「島名の混乱」として説明されてきた。その説明は概ね以下のようなものである。

一七八七年フランス船が鬱陵島を「発見」してダジュレー島と名づけ、一七八九年イギリス船が鬱陵島を「発見」してアルゴノート島と名づけた。同一の島ながら「発見」時の経緯度測定結果に差異があったため、その後の西洋製日本周辺図では朝鮮半島の東方沖合に二つの異なる島があるかのごとく表記された。

一方、一八二三年に来日したシーボルトは、当時日本で作成された日本図には朝鮮半島と隠岐《おき》諸島に挟まれて、朝鮮半島寄りに竹島が、隠岐諸島寄りに松島が記載されていることに気づいた。この日本図と西洋製日本周辺図を対比させたシーボルトは、アルゴノート島を竹島に、ダジュレー島を松島に比定し、シーボルト作成の日本図にそのように島名を記入した。

その後、一八五四年ロシア船が鬱陵島を測量した結果、アルゴノート島の経緯度が誤りであるとわかり、やがてこの島が地図上から姿を消すこととなった。一方、一八四九年フランスの捕鯨船リアンクール号が今日の竹島を発見し、船名をとってリアンクール岩と名づけ、同様に一八五五年、イギリス船ホーネット号が今日の竹島をホーネット岩と名づけた。

これらを経て、西洋製の日本周辺図からアルゴノート島＝竹島＝鬱陵島が消滅し、ダジュレー島＝松島＝鬱陵島だけが残り、今日の竹島はリアンクール岩（岩礁）として記載されるようになった。その結果、江戸時代には竹島（磯竹島）と呼ばれた鬱陵島が、明治初年には松島と呼ばれるように変化した。

本書では、こうした地図上の島名変化に関わる通説的理解を踏まえた上で、鬱陵島と竹島を以下のように表記する。史料上の表記を優先させる際には、「竹島（鬱陵島）」「磯竹島（鬱陵島）」「松島（鬱陵島）」「松島（竹島・りゃんこ・独島）」といった表記をする。一方、現行島名を優先させて表記する際には、「鬱陵島〈竹島・磯竹島・松島〉」「竹島〈松島・りゃんこ・独島〉」などと表記する。

目次

竹島——もうひとつの日韓関係史

第一章　「于山島」は独島なのか

——韓国側主張の検証①

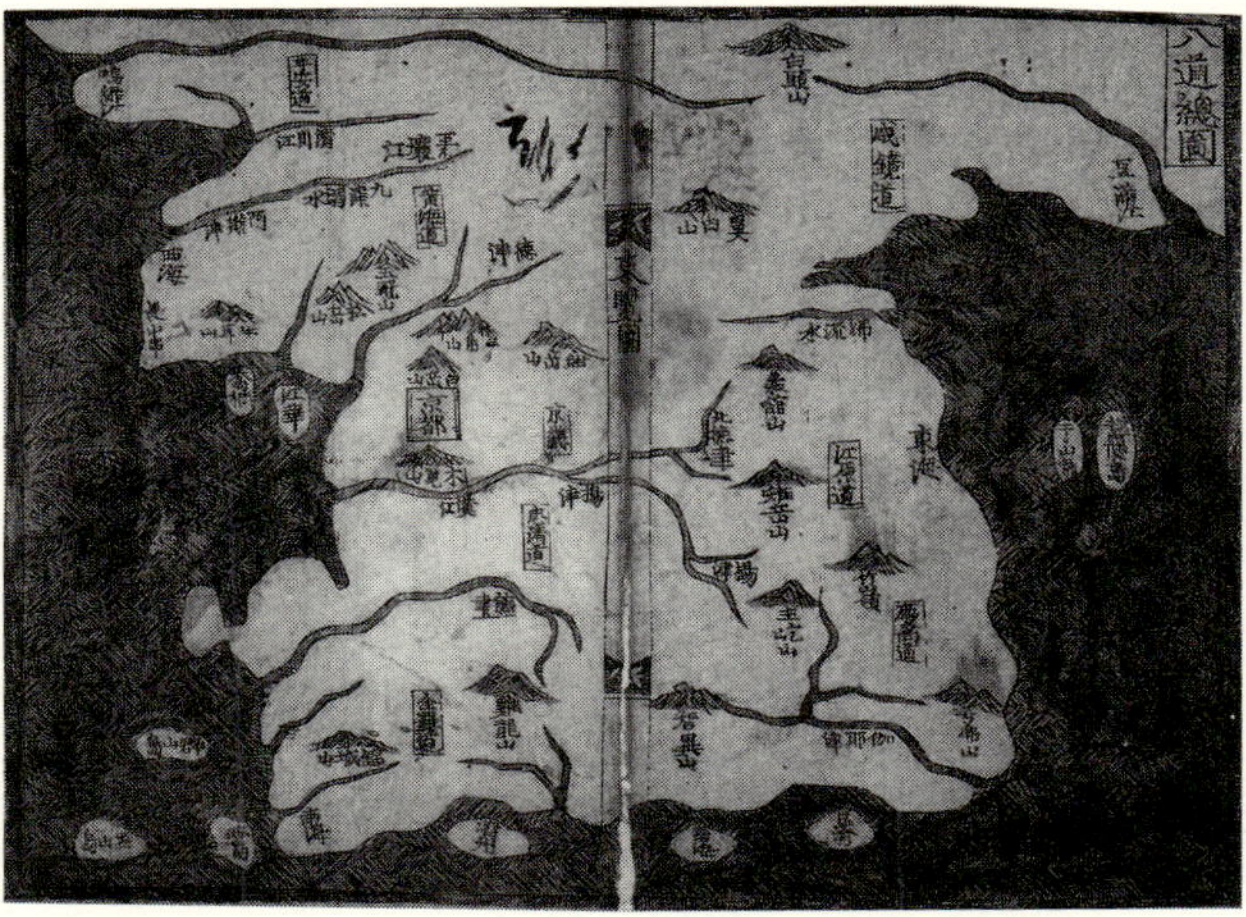

「東覧図」（16世紀後半）の「八道総図」

鬱陵島から見える島

韓国外交部のパンフレット『韓国の美しい島　独島』（以下、「韓国パンフ」と略す。なお、パンフは横書きなのでアラビア数字は適宜漢数字に改めて表記する）の冒頭に韓国政府の立場が簡潔に示される。

「独島は、歴史的・地理的・国際法的に明らかに韓国固有の領土です。独島をめぐる領有権紛争は存在せず、独島は外交交渉および司法的解決の対象にはなり得ません」

この文には門前払いの姿勢が露わで、それこそ取り付く島もない。けれども、少し前までなら、韓国外交部はこうしたパンフレットすら作成しなかった。「独島をめぐる領有権紛争は存在」しない以上は、韓国政府として、独島領有の正当性を示す論拠を提示したり、異論に対する反駁や議論を行う必要もないと考えていたからである。だから、そうした段階と比べれば、議論と対話へ向けて「一歩前進」してきたとも言える。

さて、右にいう「地理的」に韓国領であることの根拠は、独島が、明らかに韓国領である鬱陵島から八七・四キロメートルの距離にあり、天気の良い日に鬱陵島から見えるのは独島だけである、という現在における経験的認識から出発している。そこに『世宗実録《せいそうじつろく》』地理志《ちりし》（一四三二年）にある記述「于山（独島）・武陵（鬱陵島）……二つの島は互いにそれほど離れておらず、天気の良い日には眺めることができる」（韓国パンフ五頁）を重ね合わせることによって、現在の経験的認識が韓国の文献でも確認できると主張する。したがって、「独島は歴史的に鬱陵島の一部として認識されてきました」と結論づけられる（同前）。

さらに韓国パンフを読み進めてみよう。『世宗実録』地理志に出てくる于山と武陵という「二つの島が六世紀初頭（五一二年）に新羅《しらぎ》に服属した于山国の領土と記されているため、独島に対する統治の歴史は新羅時代にまで遡ります」（六頁）。さらに「独島に関する記録は、『新増東国輿地勝覧《しんぞうとうごくよちしょうらん》』（一五三一年）、『東国文献備考《とうごくぶんけんびこう》』（一七七〇年）、『萬機要覧《ばんきようらん》』（一八〇八年）、『増補文献備考《ぞうほぶんけんびこう》』（一九〇八年）など他の官撰記録でも一貫して書き継がれて」いるし、とりわけ『東国文献備考』輿地考（一七七〇年）には「于山（独島）は日本でいう松島」と記述されていることを強調する（同前）。

こうして、于山島が独島と一致すると理解し、その名が官撰文献に書き継がれた点に着目することで、独島は六世紀から二〇世紀まで連綿とした韓国領だとする主張が形成される。

于山島、于山は鬱陵島である

韓国の文献史料に現れる「于山島」「于山」の事例を網羅して年代順に整理したものが表1である。

この表によれば、初見例は整理番号1（『三国史記《さんごくしき》』巻四、五一二年）であり、これは「于山国」*が新羅に服属した記事である。記事中に見える「于山国、在溟州正東海島、或名鬱陵島（于山国は溟州《めいしゅう》〔現在の江原道《カンウォンド》〕の正に東にある海島で、あるいは鬱陵島ともいう）」という一節は「于山国は鬱陵島に一致する」としか解釈しようがなく、記事に現れる于山が現在の竹島に一致するわけではない。またこの一節は、先に引用した韓国パンフが主張する「于山・武陵の二島が新羅に服属した」というような記述ではない。

＊鬱陵島内の各地には竪穴式石槨《せっかく》・横口式石室など江原道・慶尚《キョンサン》道に見られるものと類似した古墳が散在する。一九六三年の調査時点では八七基が、二〇〇〇年代はじめの調査では五四基が確認されている。したがって、そうした考古学的知見に従えば、古墳に埋葬さ

れた人々と築造に動員された人々という、支配と被支配の格差をともなう共同体が鬱陵島に存在したことがわかる。ただし、そうした古墳築造能力をもった人々が鬱陵島固有の土着民であったか、江原道・慶尚道などからの移民であったかの区別はつかないという。また、古墳の築造時期も、考古学的知見に従えば六世紀半ばから統一新羅末期（九世紀後半）に到る幅でしか確言できず、文献史料上で六世紀の鬱陵島に存在したという于山国を直接に実証できるものではないという（チョンヨンファ、イチョンギュ［二〇〇五］）。

整理番号2～4（『高麗史《こうらいし》』巻四、一〇一八～二二年）の場合も、史料中に現れるのは「于山国」だから、これも竹島ではない。現在の竹島に国家があったとは到底考えられないからである。

整理番号5（『太宗実録《たいそうじつろく》』巻三三、一四一七年）は、武陵方面への按撫使《あんぶし》として「武陵島」に派遣された金麟雨《キムインウ》による復命記事である。金麟雨は派遣先の「于山島」から「大竹・水牛皮・生苧《からむし》・綿子」等々を土産《みやげ》に持ち帰るとともに、その島には一五戸八六名の男女が居住していたと述べる。竹島が、自然状態では人間の居住に適さない島であることは現況が示すとおりであり、一五戸八六名もの男女が住む「于山島」は現在の竹島に該当しえない。ここにいう「于山島」は鬱陵島のことである。

	西　暦	史料名
1	512	『三国史記』巻４・新羅本紀
2	1018	『高麗史』巻４
3	1019	『高麗史』巻４
4	1022	『高麗史』巻４
5	1417	『太宗実録』巻33
6	1417	『太宗実録』巻34
7	1425	『世宗実録』巻29
8	1432（1454）＊1	『世宗実録』地理志・蔚珍県条
9	1451	『高麗史』地理志・蔚珍県条
10	1457	『世祖実録』巻７
11	1531	『新増東国輿地勝覧』蔚珍県条
12	1614	『芝峯類説』地理部
13	1696	『粛宗実録』巻30
14		『星湖僿説』鬱陵島＊2
15	1744	『春官志』鬱陵島争界
16	18世紀半ば	『水道提綱』
17	1756	『疆界考』
18	1770	『（東国）文献備考』輿地考
19	1809	『萬機要覧』
20	1823	『海東繹史考』
21	1839	『五洲衍文長箋散稿』鬱陵島事実弁証説
22	1882	『高宗実録』巻19
23	1907	『大韓新地志』
24	1908	『増補文献備考』輿地考

表１　韓国の文献史料に現れる「于山島」「于山」記事の典拠
＊１　形式的には1454年成立．ただし，実質的には1432年に成立．
＊２　成立年代未詳．ただし著者である李瀷の生没年は1681〜1763年．
出所：池内［2012］表10 - 1，217頁による．

整理番号6（『太宗実録』巻三四、一四一七年）は、全文が「倭寇于山武陵」とする短い記事で、整理番号5から半年後の記事である。この短い記事の解釈について、韓国では「倭賊《わぞく》が于山島と武陵島に侵入した」とか「倭賊が于山島と武陵島で盗みを働いた」と述べる。

ところで、整理番号7（『世宗実録』巻二九、一四二五年）は、課役逃れとして武陵島へ流入する民衆が絶えないので、金麟雨をあらためて于山武陵方面の按撫使に任命したという記事である。整理番号5も7も派遣先は武陵島（鬱陵島）であり、5で金麟雨が任命された臨時官職名は「武陵方面の按撫使」、7では「于山武陵方面の按撫使」であった。金麟雨は、5の場合では武陵島に派遣されながら「于山島」の実態報告をしており、ここでの「于山島」は明らかに鬱陵島のことである。

とすれば、当時の朝鮮朝廷も朝鮮王朝実録の編纂《へんさん》者も于山と武陵が同一の島と見なしていることは明らかである。こうした点を踏まえれば、7の役職名に見える「于山武陵」は互いに異なる島である「于山」と「武陵」を併記したものとは解しえないし、ほぼ同時期の史料である整理番号6も「倭が于山＝武陵に侵入した」とならざるをえない。

以上からすれば、表1の整理番号1～7（五一二～一四二五年）に現れる「于山」はいずれも現在の竹島にはあてはまらない。すべて鬱陵島のことである。

鬱陵島とは区別された于山島

整理番号8（『世宗実録』地理志・蔚珍県条、一四三二年）には「于山・武陵二島、在県正東海中（割注）二島相去不遠、風日清明、則可望見」（于山島と武陵島の二つの島は、蔚珍県〔現在の慶尚北道《キョンサンプクト》東北部〕の真東の海中にあり。〔割注〕二島はお互いにさほど遠く離れてはおらず、天気がよければ眺めることができる）とする記事がある。

この史料の本文では「于山・武陵二島」として于山島が鬱陵島とは別の島だと明記される。また、武陵島を鬱陵島と解釈する点では異論がない。本文に付された注記（割注）において、于山島と武陵島は互いにさほど遠く離れてはいないものの、天気がよければ眺めることができるような関係だ、という以上は至近距離にあるわけでもない。実際の鬱陵島と竹島の距離は約九〇キロメートルであり、現在でも、鬱陵島の高所に登っても常に竹島が見えるわけではなく、肉眼で確認できるのは気象状況に恵まれたごく限られた時節のみである。したがって、『世宗実録』地理志本文にいう「于山・武陵二島」というのは竹島と鬱陵島に対応する、と見なされてきた。

こうした解釈に対する反論は二つある。ひとつは、『世宗実録』地理志の割注で述べているのは、二島相互の間隔・距離についてではなく、朝鮮半島本土と二島の間隔・距離なのだ、とする下條正男《しもじょうまさお》（拓殖大学教授）の主張であり、塚本孝《つかもとたかし》（東海大学教授）も同調している。

これは近年になって主張されはじめた。もうひとつは、整理番号9および11の記述に着目して「于山・武陵二島」なる表現は異説のひとつにすぎず、本来的には于山と武陵は同一の島だとする川上健三《かわかみけんぞう》（外務省条約局参事官、同省参与などを歴任）の主張である。これは古典的な理解である。これら二つの反論を点検しておこう。

于山島に関わる下條説

下條説には四つの難点がある。まず第一に史料解釈である。漢文で、「二つの名詞＋「相」＋動詞」で構成される文の場合、先行する二つの名詞が「たがいに」何々する（動詞）、と解釈するのが原則である。いま問題となっている「二島相去不遠、風日清明、則可望見」では割注冒頭に配置された「二島」が「相去」とある以上、「去」は先行する二島の距離について述べていることが明らかである。さらにその記述を受けて「風日清明、則可望見」と続くのだから、天気さえよければ「二つの島がお互いに」見える、とするのが史料解釈としては順当である。朝鮮半島本土から二島が離れている、の意であると解釈したいのであれば、「二島」と「相去」のあいだに「朝鮮本土から」なる語句が挿入されねばなるまいが、そうした語句の省略を想定するのは史料解釈としてはあまりに無謀である。

第二に、「二島相去不遠」を「二島は朝鮮半島本土からさほど遠くない」と解釈した場合、

「風日清明、則可望見」が解釈不能となる。現実には、どれほど晴天であっても朝鮮半島本土から鬱陵島と竹島の両方が見えるということは絶対にありえないからである。そうである以上、いま問題となっている記述を「朝鮮半島から眺めることができる」と解釈するのは許されない。

第三に、下條が、前近代朝鮮の地誌編纂に際しては、海島は陸地からの方角・距離で示す規則(「規式」)となっていることを論拠に持ち出す点である。地誌編纂がそうした「規式」に従って編纂される以上は、『世宗実録』地理志の割注は朝鮮本土から見たときの状況を示すのだ、という。

朝鮮に現存する最古(一四二五年)の地理書『慶尚道地理志《けいしょうどうちりし》』にそうした「規式」が存在するのは事実だが、その「規式」が『世宗実録』地理志の編纂を拘束する基準として実際に機能していたかどうかは別問題である。試しに『世宗実録』地理志の冒頭に配置された「京畿道」部を開き、南陽都護府の項を眺めてみよう。

南陽都護府内に「花之梁」なる地名があり、割注で「府の西にあり、右道水軍僉節制使が守禦す」と記される。その後、「仙甘弥島」が掲げられ、「花之梁の西にあり、水路二里、周回五里」などと記されるから、「花之梁」を陸地の地名と考えると、これは陸地からの方角・距離を示したものである。直後に「大部島」を「花之島(梁か――引用者注)の西二里、長さ三十里、広さ十五里」などと記す。そして引き続く「小牛島」は「大部島の西五里にあり、周回十五里」、「霊興島」は「小牛島の西七里にあり」、「召忽島」は「霊興島の西三十里」などと順々に記されてゆく。朝鮮半島周辺に散在する島々は陸地から見えるものばかりではなく、実際には陸地から目視できない島々も数多い。それらの所在を地誌上に示すためには、まずは陸地から見える島を示し、そこから先は島伝いに次々に方角・距離を示して行かざるをえない現実があった。『世宗実録』地理志における島の記載は、必ずしも『慶尚道地理志』の「規式」どおりではないのである。

第四に、下條の着想が、元禄竹島一件（本書第三章）の際の、朝鮮王朝側の史料解釈に由来する点である。元禄竹島一件で朝鮮王朝は、竹島（鬱陵島）が朝鮮領だと論証する際に『新増東国輿地勝覧』「于山島・鬱陵島」の項を援用した。当該項によれば「鬱陵島は朝鮮本土から見える」から竹島（鬱陵島）は朝鮮領である、と主張したのである。一方、この項の記述は『世宗実録』地理志を引き継ぐものだから、当然に『世宗実録』地理志の記述も朝鮮半島本土からの距離について述べたものとなる、というのが下條の論じ方である。

この論じ方は、まず第一に後世の解釈を前代に持ち込んでいるという点で誤りである。第二に、『新増東国輿地勝覧』と『世宗実録』地理志双方の記事間には重大な違いがあることを見逃している点で誤りである。『新増東国輿地勝覧』「于山島・鬱陵島」の項はこう記す。

「一に武陵といい、一に羽陵という。二島は県のまさに東海中にあり。三つの峯が空高く聳《そび》え、南の峯の方がやや低い。天気がよければ、山の頂上や樹木、山麓の浜辺の様子がはっきりと見える。風をたよりにすれば二日で到着できる。一説に、于山と鬱陵はもとは一島だったという」

この記事には「二島は相去ること遠からず」の部分がないことにまず留意せねばならない。したがってこの記事は、県の東の海中に二島があり、そのうち「三つの峯がある島」すなわち鬱陵島については、「天気がよければ本土から、その山頂や山麓、海辺の様子まで見える」と解釈せねばならない。「二島は相去ること遠からず」を欠如したこの記事をもって、『世宗実録』地理志の「二島は相去ること遠からず」は陸地からの距離を述べたものだ、と解釈するのは無理である。

于山島に関わる川上説

川上説についても述べておこう。川上健三は、表1の整理番号9と11の記述に注目した。整理番号9（『高麗史』地理志・蔚珍県条、一四五一年）は鬱陵島の島名を掲げたあとに割注を付して、以下のように説明をする。

「蔚珍県の真東の海上にあり。新羅のときに于山国を称す、一説では武陵とし、一説では羽陵とする。……一説には于山と武陵はもとは二島であり、お互いにさほど遠く離れてはおらず、天気がよければ眺めることができる」

ここで川上にとって大事なのは割注の冒頭で述べられた「鬱陵島は于山国である」とする記述である。割注の後半部分は「一云、于山・武陵本二島、相距不遠、風日清明、則可望見」とするから整理番号8に共通する。しかしながら、川上にとってそれはあくまで「一説では」そのようだというにすぎない。

一方、11（『新増東国輿地勝覧』蔚珍県条、一五三一年）は于山島、鬱陵島の島名を掲げたあとに割注で、「一説では武陵といい、一説では羽陵という。二島は蔚珍県の真東の海上にあり……一説では于山と鬱陵はもともと一島であった……」と説明する。川上はこんどは割注後半で異説として挙げられた記述「一説于山・鬱陵本一島」のほうを注視する。

結局のところ川上は、鬱陵島と区別された島としての于山島は実在せず、于山島は鬱陵島のことを指すとの主張をし、于山島が現在の竹島に該当することはありえないことを強調する。しかしながら、こうした川上の態度は自らの見解に都合のよい記述に着目して選び出すという、いささか恣意《しい》的な解釈であり、到底受容できない。

異なる于山島認識の併存

一四五七年四月、中枢院副使柳守剛《ユスガン》が、かつて江陵府で在地の人々から聴取した話をもとに作成した上書中に「牛山・茂陵両島に県邑を設置すること。両島への水路は険しく遠く、往来は甚だ難しい」とする記事がある（表1整理番号10『世祖実録《せいそじつろく》』巻七）。牛山は于山と、茂陵は武陵と音が通じており、地理的位置関係と併せて考えれば、「牛山・茂陵」は「于山・鬱陵」に該当し、「両島」と記されるからには「牛山（島）」は鬱陵島とは区別された島である。ただし、柳守剛自身はこれら二つの島を実見しているわけではなく、あくまで伝聞に基づく記事である。

一方、整理番号12（『芝峯類説《しほうるいせつ》』地理部、一六一四年）は鬱陵島の項目を掲げ、「武陵ともいい羽陵ともいう。東海中にあり、蔚珍県と相対す、……新羅の智證王のときに于山国と号す……」とするから、ここに見える「于山国」は鬱陵島のことである。

こうして、表1整理番号8～12（一四三二～一六一四年）に見える「于山」には、鬱陵島を指す場合（9、12）と、鬱陵島と区別された別の島を指す場合（8、10、11）とが混在する。「于山」を竹島と見なしうるかどうかは、それが鬱陵島近傍にあって「鬱陵島と区別された別の島」とする説明の限りで生じる可能性にすぎない。

安龍福の述べた于山島（于山島）

于山という名が竹島と確実に結ばれるのは整理番号13の場合である。

鬱陵島は一四一七年以来、朝鮮王朝政府によって渡航禁止の島とされ、禁止が解かれる一八八一年まで空島（朝鮮人の利用・居住を認めない島）として扱われた。一七世紀初めに偶然この島に漂着して物産の豊かなことに気づいた鳥取藩領米子《よなご》の町人大谷《おおや》・村川《むらかわ》両家は、同世紀末まで鬱陵島（彼らはこの島を竹島と呼んだ）に渡海して収獲を挙げつづけた。大谷・村川家はこうした竹島（鬱陵島）の収益を排他的に独占するために、一六二五年、江戸幕府から竹島渡海免許を受けた。大谷・村川両家は毎年一回竹島（鬱陵島）へ渡海し、渡海の途中にある竹島（彼らはこの島を松島と呼んだ）をも補助的に活用しながら収益活動を行った。

一六九三年、大谷・村川家は竹島（鬱陵島）で朝鮮人漁民と競合し、収獲を挙げられなくなった。そのため幕府に権益保護を求め、幕府はそうした趣旨での日朝交渉を対馬《つしま》藩に命じた（元禄竹島一件）。この交渉は紆余曲折《うよきょくせつ》を経た末に、幕府が竹島（鬱陵島）は朝鮮領であることを認め、日本人の竹島（鬱陵島）渡航禁止を命じることとなった。その幕府命令（元禄竹島渡海禁令）は一六九六年一月に出されたが、朝鮮政府に伝えられたのは九七年一月のことであった（本書第三章）。

元禄竹島渡海禁令が発令されてから朝鮮側に伝わるまでに約一年間の空白が生じており、

この空白期にあたる一六九六年五月、安龍福《アンヨンボク》事件が起こった。釜山《プサン》近傍に住む朝鮮人安龍福が、知人らとともに隠岐および鳥取藩領へ渡海し、同年八月末に本国へ戻ったという事件である。帰国後に朝鮮政府から越境の罪に問われた安龍福は、以下のように述べて自らの行為を正当化しようとした（カッコ内は引用者が補った）。

安龍福が……あわせて十一名で鬱陵島へ渡航した。すると日本船が多数来泊していたので、安龍福は「鬱陵島はもともと朝鮮領なのに、どうして日本人が越境してこの地を侵すのか」と一喝した。これに対して日本人は「われわれはもともと松島（竹島）に住んでおり、たまたま漁のために出てきたまでで、今ちょうど帰ろうとしていたところである」と弁明した。これを聞いて安龍福は「松島とはすなわち子山島（于山島）のことではないか。これもまたわが国の土地である。どうしてそんなところに住んでいるのか」と述べ、逃げる日本人を追跡し、船を曳《ひ》いて子山島（于山島）に到った。
（『粛宗実録《しゅくそうじつろく》』巻三〇）

安龍福証言には客観的な裏づけのとれないものが大部分であって、証言内容全般を歴史的事実と見なすことは到底不可能である。安龍福が日本人に向かって松島（竹島）＝子山島

（于山島）が朝鮮領であると主張したとする発言（右史料の傍線部）も、おそらく実際にはなされなかった（本書第三章）。

しかし一方で、このとき隠岐で幕府代官手代が安龍福に対して行った尋問調書の写《うつし》が地元に残されており（隠岐・村上家文書）、安龍福の行動を客観的に検証することが可能である。調書のなかで安龍福は「竹島（鬱陵島）と朝鮮のあいだは三十里、竹島（鬱陵島）と松島（竹島）のあいだは五十里あると述べた」「五月十五日に竹島（鬱陵島）を出船し、同日に松島（竹島）へ着、同十六日に松島（竹島）を出て、十八日の朝、隠岐島のうち西村の磯へ着」と述べている。距離の正確さをひとまず置くにしても、安龍福は、朝鮮半島〜鬱陵島〜竹島〜隠岐諸島という並びのなかで「松島（竹島）」に言及しており、竹島（鬱陵島）から松島（竹島）へは同日中に移動し、松島（竹島）から隠岐諸島へは二晩を経て到着したと述べる。

同時代日本の地誌『隠州視聴合記《いんしゅうしちょうがっき》』では、移動方向が逆にはなるものの、隠岐から松島（竹島）まで二日一夜、松島（竹島）から竹島（鬱陵島）まで一日ほどの距離だと述べる。したがって尋問調書に残された鬱陵島〜竹島〜隠岐諸島の位置関係は、概ね『隠州視聴合記』と合致すると見てよいから、安龍福のいう松島は明らかに現在の竹島である。そして安龍福は朝鮮官憲に対して松島を「子山島」とも述べるから、証言に言う「子山島」もまた竹島のことである。「子山島」の「子」は「于」の単純な誤記である。

于山島は日本の松島である

こうして、一七世紀になって于山島は、松島なる日本名を介して初めて現在の竹島(独島)と等号で結ばれた。「于山島＝松島」説は、その後、二〇世紀冒頭まで見出すことができる。整理番号17(『疆界考《きょうかいこう》』一七五六年)は「按ずるに、『輿地志《よちし》』では一説として于山と鬱陵がもとは一島であったとするが、さまざまな図志では二島である。うちひとつはいわゆる松島である。とすれば、やはり二つの島がともに于山国に属するのであろう」とし、同18(『(東国)文献備考』一七七〇年)も『輿地志』(一六五六年。伝来せず)を引用して以下のように記述する。「『輿地志』にいう。鬱陵も于山もみな于山国の地であり、于山はすなわち倭のいういわゆる松島である」。

同19(『萬機要覧』一八〇九年)は『(東国)文献備考』の引用であり、結果的に『東国文献備考』が引用する『輿地志』をそのままに踏襲する。同24(『増補文献備考』一九〇八年)もまた先行する『萬機要覧』『(東国)文献備考』を踏襲するから、ここで引用される『輿地志』もそのままである。また、同23(張志淵『大韓新地志』一九〇七年)は、巻二で鬱陵島について述べるが、叙述の末尾で「于山島はその東南にあるそうだ」と書く。

「于山島＝松島」説の連続と断絶

安龍福発言に見える「于山島＝松島」説が、『(東国)文献備考』(一七七〇年)を経て『増補文献備考』(一九〇八年)まで見出せることについて、堀和生《ほりかずお》(京都大学大学院教授)は「この『増補文献備考』が二百年にわたる編纂事業の所産で、実録を補完する官製文献であることから、朝鮮政府が于山島に対して領有意識を維持していたことが明らかである」と述べる(堀[一九八七])。韓国パンフの主張は、堀見解をひとつの拠り所としていると思われるから、これら見解の妥当性について検討しておきたい。

まずは、安龍福発言の後も「于山＝鬱陵島」説が併存した事実に留意したい。整理番号14(『星湖僿説《せいこさいせつ》』鬱陵島)のうち「于山」に触れた記述は、「鬱陵島は東海中にあり、一名を于山という」だけである。ここでの「于山」は鬱陵島のことである。

同15(『春官志《しゅんかんし》』鬱陵島争界、一七四四年)では鬱陵島の項目を掲げ、「江原道の海中にあり、蔚珎《(珍)》県に属す。『(東国——引用者注)輿地勝覧』に曰《いわ》く、武陵ともいい、羽陵ともいい、蔚珎の真東の海中にある。一説では、于山と鬱陵はもとは一つの島であった。于山も羽陵も蔚陵も武陵も磯竹も、みな発音が訛伝《かでん》してそのようになったのである」と説明する。ここでも「于山」は鬱陵島のことである。

一方、同16(『水道提綱《すいどうていこう》』一八世紀半ば)には「蔚珍城の東、その東南に海を隔てて千山島といい菀陵島という（島がある）」とするが、ここでは千山島と菀陵島の関係について説明がない。

朝鮮後期の実学者韓鎮書《ハンチンソ》（生没年未詳）が編纂したのが整理番号20（『海東繹史考《かいとうえきしこう》』一八二三年）である。そのなかで『文献備考』『輿地勝覧』『水道提綱』に見える「松島」「于山島」「鬱陵島」についての考察がなされるが、『水道提綱』に見える「千山島」「菀陵島」はそれぞれ「于山島」「鬱陵島」の誤記であろうと述べるほかは、史料をそのままに引用する。したがって、「于山島は倭のいわゆる松島だ」（『文献備考』）と「于山と鬱陵はもともと一島だ」（『輿地勝覧』）と互いに矛盾する記述が何らの注釈もなしに併記される。

また、整理番号21（『五洲衍文長箋散稿《ごしゅうえんぶんちょうせんさんこう》』鬱陵島事実弁証説、一八三九年）は、「鬱陵島は古の于山国」と述べ、『輿地図』には「于山島」が描かれることはなく、代わりに鬱陵島の上に「于山」と記したりする」と述べる。

ところで、「于山島＝松島」説を主張したとして重視された『文献備考』『増補文献備考』では「鬱陵島＝于山国」もまた述べられている。『萬機要覧』は『文献備考』を引用しつつ「鬱陵島はもと于山国」と述べる。つまり、これら三書に継承されたのは「于山島＝松島（＝現在の竹島）」説だけではなく、「鬱陵島＝于山国」説もまた継承されたということである。

仮に堀が言うように『文献備考』から『増補文献備考』に到る官製文献に「于山島」に関

する類似記事が繰り返し見出されることをもって「朝鮮政府が……領有意識を維持していた」と主張できたとしても、その領有意識の対象となった「于山島」は「于山島＝松島（竹島）」の場合もあれば「于山島＝鬱陵島」の場合もあった。したがって、堀のように、『（東国）文献備考』から『増補文献備考』に到る時期に、朝鮮政府が現在の竹島に対する領有意識を維持していたと強調するのは適切ではない。

古地図に見る于山島

朝鮮王朝期の朝鮮図で、鬱陵島と于山島が併記されるものは数多い。そうした朝鮮図は「数百枚にも及ぶという」（堀［一九八七］）が、それらを悉皆《しっかい》調査して于山島の分析を行った先行研究はない。ここでは、一一〇枚余の朝鮮図を編年整理した拙著（池内［二〇一二］）での分析を踏まえて、その特徴について整理しておきたい。

朝鮮半島全体を描いた全国図については、以下のような特徴を指摘できる。于山島が鬱陵島の西側に描かれるもの（本章扉絵）は、概ね一六世紀以前から一八世紀後半まで分布する。于山島が鬱陵島の東側に描かれるもの（図1、2）は、一八世紀から一九世紀後半まで分布する。一九世紀後半から末になると、于山島が鬱陵島の北東に接して小さく描かれたり、同様に南東に接して小さく描かれたりするようになる。

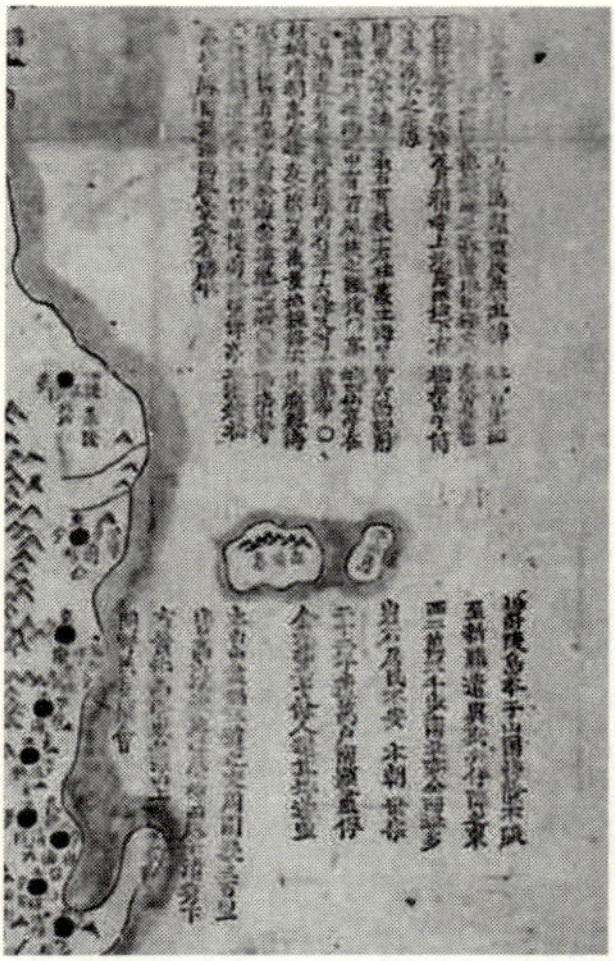

図１　「八道全図」（19世紀後半）部分

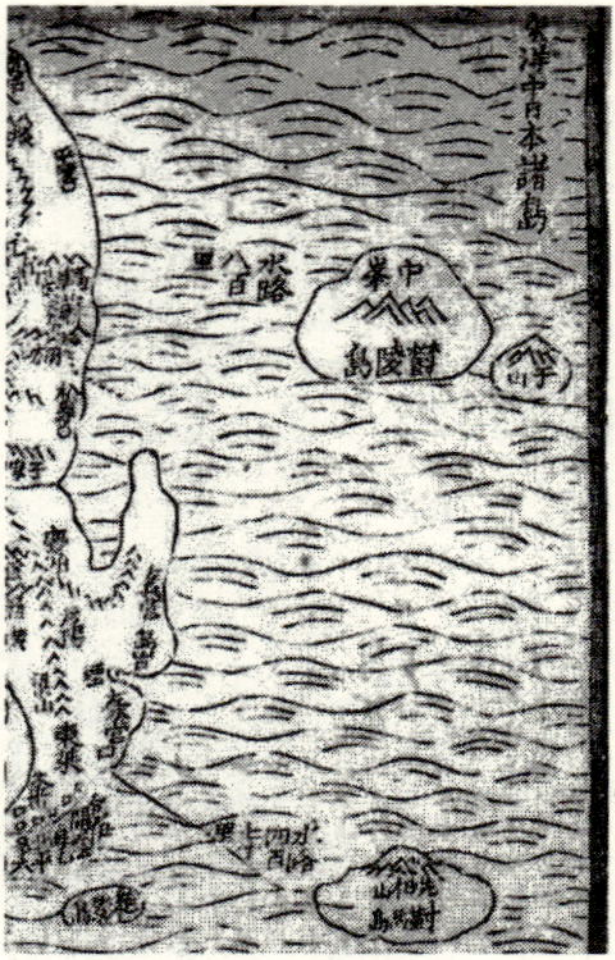

図２　「大朝鮮国全図」（19世紀末）部分

一方、部分図たる江原道図・関東図では、于山島が鬱陵島の西側に描かれるもの（図３）は全国図と同様に一六世紀以前から一八世紀後半まで分布する。また、于山島が鬱陵島の南側に並んで描かれるもの（図４）が一八世紀を中心に、各時代に分布する。さらに、于山島が鬱陵島の北側に近接して描かれるもの（図５）は全国図よりやや早く一八世紀前半に登場し、一九世紀末にかけて分布する。

これらを思い切って概括的に述べると以下のとおりである。

①一八世紀初頭までの朝鮮図では、鬱陵島の左側に、ほぼ同じ大きさ

図３　「東覧図」（16世紀後半）の「江原道」部分

図４　「江原道図」（18世紀後半）部分

の于山島が描かれる。

②一八世紀初頭を過ぎると、鬱陵島の南側や東側、東北側に、鬱陵島よりも小さく于山島が描かれるようになる。

③一八世紀半ば以後にあっては、鬱陵島の東北隅に、鬱陵島に近接する格好で、鬱陵島よりはるかに小さな島として描かれる（図６）。

ここで、①から③に到るあいだに、描かれた朝鮮半島全体の姿が実測図に近い正確さを示すように変化してゆく点に注意が必要である。現代韓国における古地図の発達史研究を踏

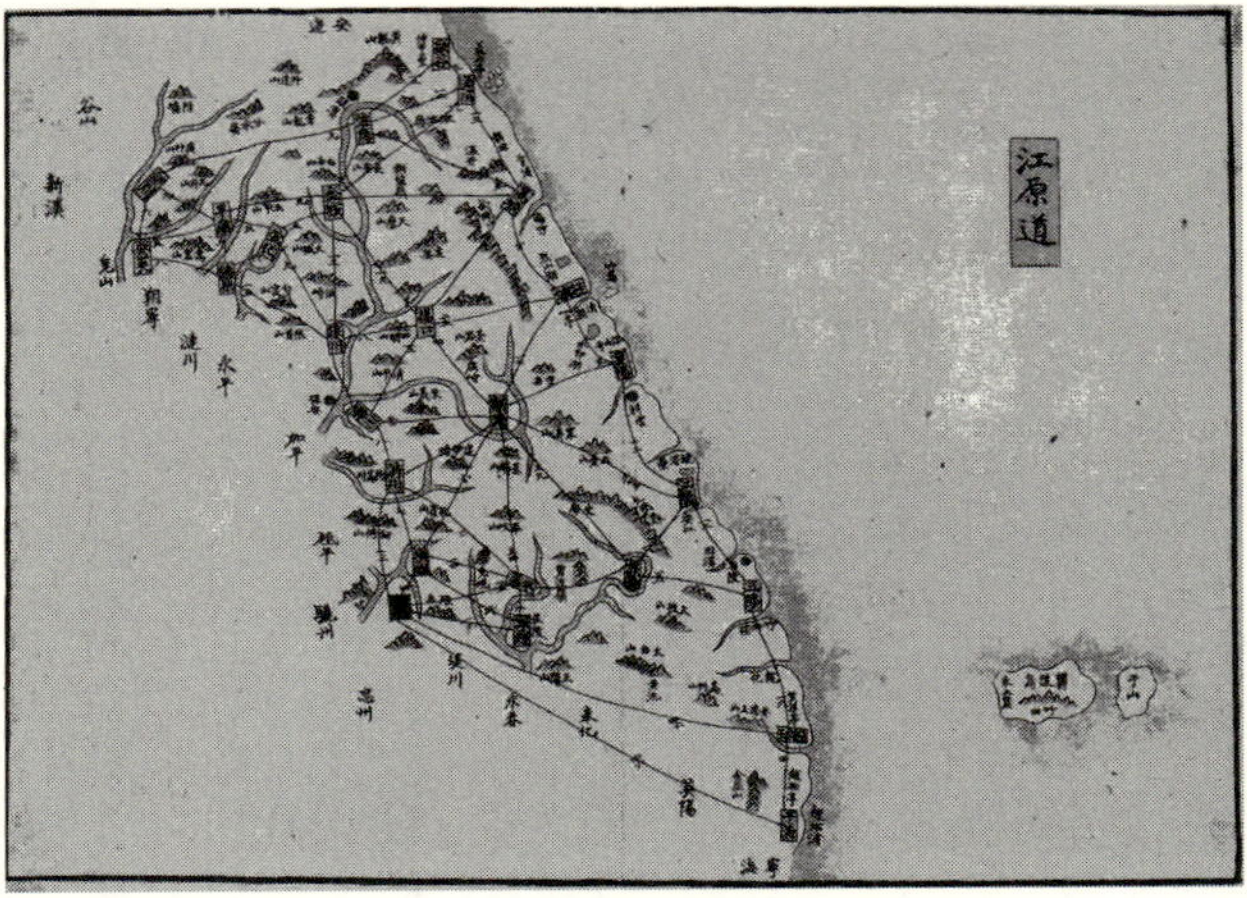

図５　「輿地図」（19世紀前半）の「江原道」

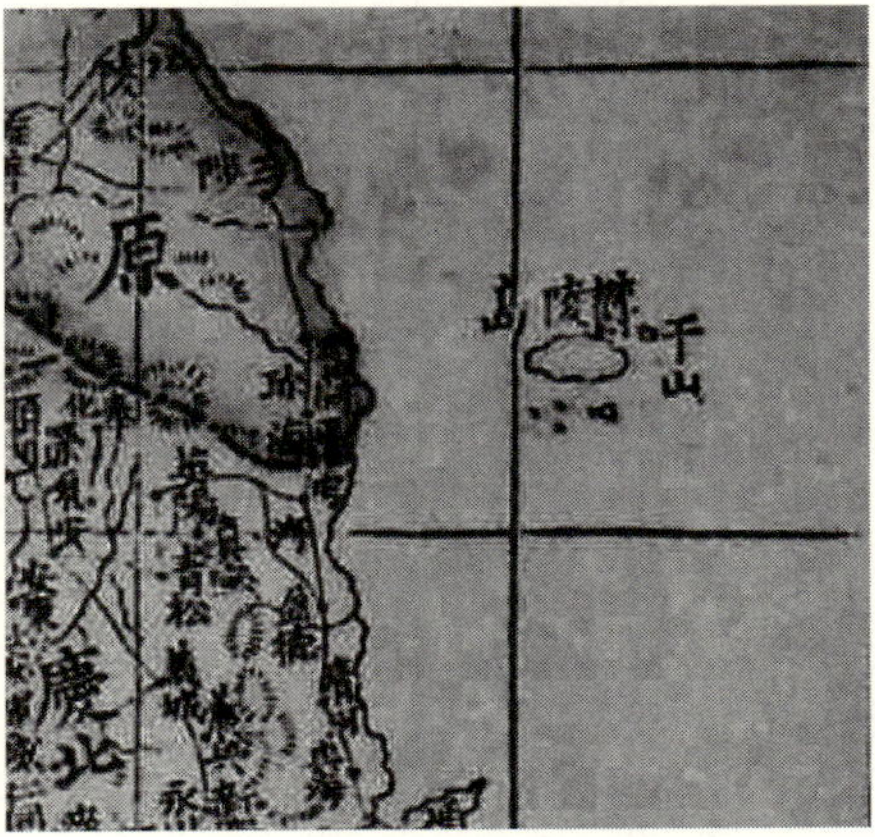

図６　「大韓全図」（1899年）の鬱陵島部分

まえれば、少なくとも一八世紀半ば以後に見える朝鮮全図の于山島には、実測図に準じる位置と大きさの正確さが反映されていると見なければならず、その位置と大きさから判断すれば現在の竹島とは一致しない。

于山島と松島（鬱陵島）の一致

明治一四年（一八八一）六月、朝鮮政府の派遣した捜討使は、鬱陵島に多くの日本人が入り込み森林の伐採を行っていることに気づいた。朝鮮政府は日本政府に対して渡航禁止を求めて抗議するとともに、あらためて鬱陵島の詳細な実情調査を進めるために検察使李奎遠《イキュウオン》を派遣した。

同年四月、その派遣前に朝鮮国王高宗《コジョン》は李奎遠を招いて次のように述べている。高宗は、近ごろ鬱陵島に他国人が往来していることを踏まえて、「松竹島と芋山島は鬱陵島の近くにあるというが、どれほど離れているか、また産物が何かがよくわからない」ので、今回の派遣に際してはそうした不明も明らかにするよう求める。これに対して李奎遠が「芋山島とは鬱陵島のことである」「松竹島は一小島であって、鬱陵島から二〇～三〇里ほど離れている」と返答すると、国王はあらためて「芋山島といい、松竹島といい、いずれも『東国輿地勝覧』に載っている。場合によっては松島・竹島ともするが、芋山島とともに三島併せて鬱陵島のことである。その様子を検察してくるように」と命じた。

一八八二年四月三〇日から五月一一日に到る鬱陵島実地踏査を記録したのが李奎遠『鬱陵島検察日記』であり、付図として、鬱陵島内外を詳細に描いた二枚の図「鬱陵島内図」「鬱陵島外図」が残されている。この付図には現在の竹島は記載されておらず、『鬱陵島検察日記』を隅々まで読み込んでみても、李奎遠が竹島へ赴いた記事もなければ、鬱陵島から竹島を遠望した記事もない。『鬱陵島検察日記』の後半に収められた「啓本草《けいほんそう》」には「晴れた日に高所に登って遠くを眺望し、千里先をも窮めようとしたものの、石のひとつも土のひとつも見えなかった。つまり、于山を鬱陵というのは耽羅を済州というのと同じだ」とする記述があり、これがそのまま国王への復命内容となった。

一方、『鬱陵島検察日記』によれば、五月一〇日に李奎遠は鬱陵島の道方《トバン》庁で日本人たちと出会い、筆談により、日本人が鬱陵島を松島と呼んでいることを知る。そして同日中に「大日本帝国松島槻谷《つきや》」と記された長六尺、幅一尺の木製標柱が長斫浦《チャンソクポ》に建てられているのを目にし、日本人との筆談内容が事実であったと確認した。そして、この「松島」標柱については、復命時に高宗と李奎遠とのあいだで話題になった。

とすれば、この段階で、朝鮮政府中央では「于山島＝松島＝鬱陵島」なる理解が成立した。したがって、少なくとも一八八〇年代の于山島は現在の竹島ではない。

于山島の腑分け

「于山島」が現れる古文献、古地図ひとつひとつに即して検討すれば、于山島が明らかに鬱陵島を意味する場合、鬱陵島とは別の島を指す場合、現在の竹島を指す場合とに分類できることが明らかである。于山島が即時的に竹島を指すとの解釈は正しくない。

現在の竹島を間近に眺めた上で「于山島＝松島＝現在の竹島」なる理解に到達できた朝鮮人は、一七世紀末の安龍福だけである。その一七世紀の安龍福の認識をそれ以前の史料に当てはめることは明白な誤りである。また、一七世紀以後の古地図、古文献の場合でも、安龍福の認識を踏まえた理解だけが広がったわけではなく、一九世紀末の朝鮮政府中央は「于山島＝松島＝鬱陵島」と理解した。

「于山島」が現れるテクストひとつひとつに即して解釈すると、古今の文献、古地図に現れるあらゆる于山島が即時的に竹島を指すということには決してならない。「于山島」を根拠にして、竹島が古来連綿として韓国領であったという論証は、全く成り立たない。

第二章　一七世紀に領有権は確立したか

——日本側主張の検証①

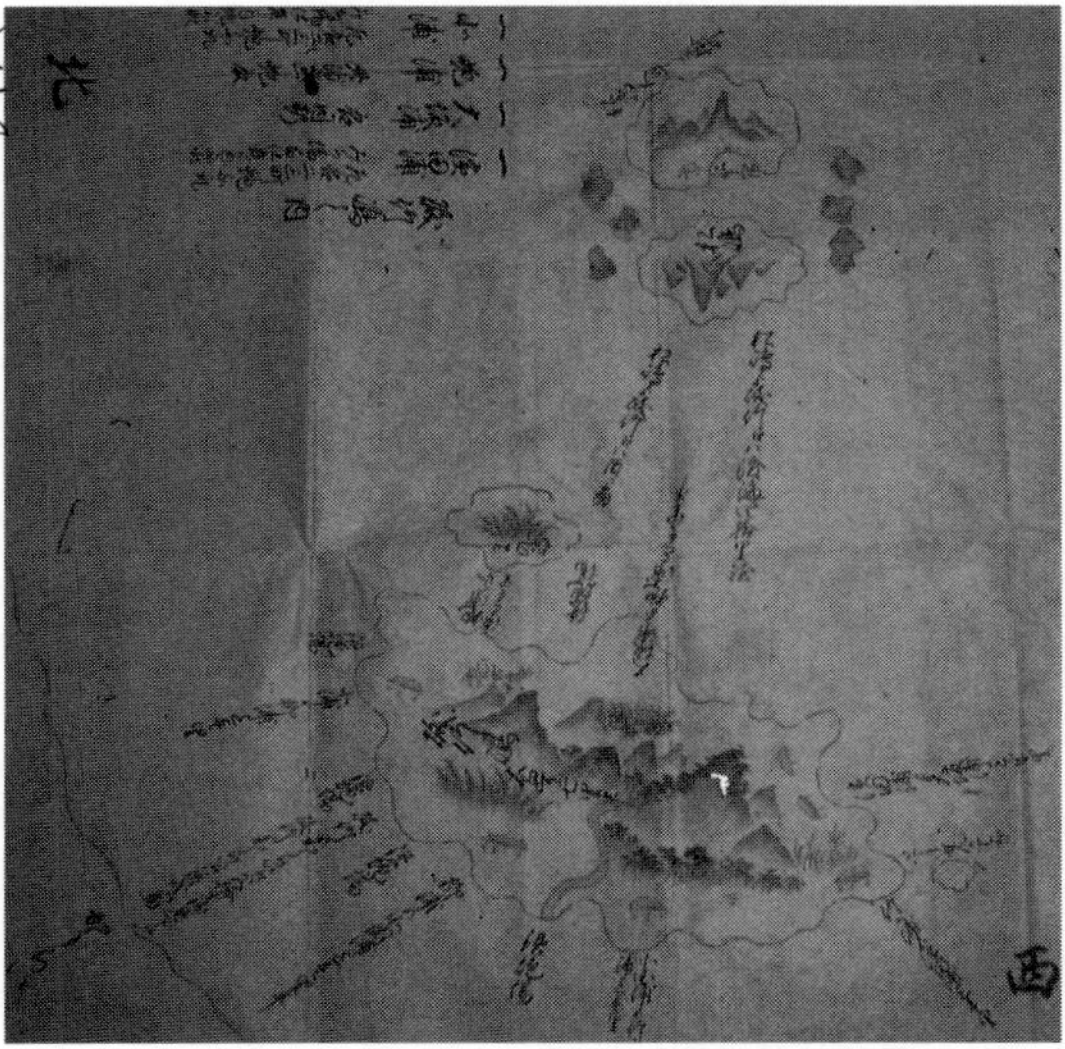

「鳥取藩磯竹島図」（1724年）
所蔵：鳥取県立博物館

竹島の領有権

日本外務省のパンフレット『竹島　竹島問題10のポイント』（以下、「日本パンフ」と略す。なお、アラビア数字等の数字や記号については適宜改めて表記する）の冒頭（二頁）に日本政府の立場が三点に整理されて示される。

「①竹島は、歴史的事実に照らしても、かつ国際法上も明らかに我が国固有の領土です。／②韓国による竹島の占拠は、国際法上何ら根拠がないまま行われている不法占拠であり、韓国がこのような不法占拠に基づいて竹島に対して行ういかなる措置も法的な正当性を有するものではありません。／③我が国は竹島の領有権をめぐる問題について、国際法にのっとり、冷静かつ平和的に紛争を解決する考えです」

これらが、本書第一章冒頭で述べた韓国パンフの主張とは真っ向から対立するものであることは、両者を引き比べれば明らかであろう。竹島は、歴史的・国際法的に（韓国の場合は地理的にも）自らの「固有の領土」であると述べ、この島をめぐる紛争の有無についても見解はすれ違う。日本側は国際法にのっとって解決に向けて努力すると述べるのに対し、韓国の立場からすればそうした案件自体が存在しない。

日本パンフ二頁では、三点の整理に引きつづき、竹島領有権の正当性が日本側に存することの主張を、枠囲みで強調しながら簡潔に述べる。

「韓国側からは、我が国が竹島を実効的に支配し、領有権を再確認した一九〇五年より前に、韓国が同島を実効的に支配していたことを示す明確な根拠は提示されていません」

おそらくはこの主張こそが日韓いずれの側にとっても、竹島論争における最大の論点である。この主張をどう維持するか（ないしは論破するか）によって論争の決着が左右されるほどの重要な論点だと思われる。本書における論証も、究極的にはこの点へ向けての歴史的事実の積み重ねである。

一七世紀の竹島（鬱陵島）渡海事業

わが国の首相官邸HPには「竹島問題について」のページがあり、その「2. 竹島の領有権に関する我が国の一貫した立場」の項では、「竹島は、歴史的事実に照らしても、かつ国際法上も明らかに我が国固有の領土です」と述べる。また、竹島問題の経緯については外務省HPからの要約であると断った上で、「我が国は、遅くとも江戸時代初期にあたる一七世紀半ばには、竹島の領有権を確立していました」とする。一方、日本パンフは、三～四頁の見開きを使って「竹島の領有権に関する我が国の立場と韓国による不法占拠の概要」を五点に整理するが、その冒頭に掲げられるのが「日本は一七世紀半ばに、竹島の領有権を確立」したというものである。どうやらここにかなりの力点が置かれていることがわかる。

日本パンフ八頁には「ポイント3　日本は一七世紀半ばには竹島の領有権を確立しました」の項が掲げられ、そこにおける説明は以下に引用するとおりである（㈠～㈤の記号は引用者が便宜的にふった）。

　一六一八年（注）、鳥取藩伯耆《ほうき》国米子の町人大谷甚吉《おおやじんきち》、村川市兵衛《いちべえ》は、同藩主を通じて幕府から鬱陵島（当時の日本名「竹島」）への渡海免許を受けました。これ以降、両家は交替で毎年一回鬱陵島に渡航し、あわびの採取、あしかの捕獲、樹木の伐採等に従事しました。

（注）一六二五年との説もあります。㈠

両家は、将軍家の葵《あおい》の紋を打ち出した船印をたてて鬱陵島で漁猟に従事し、採取した

あわびについては将軍家等に献上するのを常としており、いわば同島の独占的経営を幕府公認で行っていました。(二)

この間、隠岐から鬱陵島への道筋にある竹島は、航行の目標として、途中の船がかり(停泊地)として、また、あしかやあわびの漁獲の好地として自然に利用されるようになりました。(三)

こうして、我が国は、遅くとも江戸時代初期にあたる一七世紀半ばには、竹島の領有権を確立しました。(四)

なお、当時、幕府が鬱陵島や竹島を外国領であると認識していたのであれば、鎖国令を発して日本人の海外への渡航を禁止した一六三五年には、これらの島に対する渡海を禁じていたはずですが、そのような措置はなされませんでした。(五)

一見して明らかなように、外務省見解の根幹的な主張(四)は、㈠から㈢を前提としている。そのうち㈠と㈡では、鬱陵島に関わる史実が述べられる。鬱陵島に対する幕府の渡航免許の存在と、それをもとにした鳥取藩領米子の大谷・村川両家による規則的な鬱陵島渡海、鬱陵島および周辺海域における生業の展開、また渡航に際しては葵の紋印を掲げ、収獲物は将軍家等に献上した、こうしたことをもって鬱陵島の「独占的経営を幕府公認で行っ」たと理解する。そして㊂で今日の竹島について述べる。今日の竹島は、隠岐から鬱陵島へ到る道筋にあるから、航行の目標や船がかり、漁獲の好地として自然に利用されるようになったと述べる。「こうして」わが国は一七世紀半ばには竹島の領有権を確立したのだという（㊃）。

この説明に拠れば、「幕府公認での渡航」が対象としたのは鬱陵島であって、今日の竹島への渡航が幕府公認だというわけではない。今日の竹島は、鬱陵島へ幕府公認で渡海する途中にあって「自然に利用」されたものにすぎない。しかも主目的は漁業ではない。*なのに「我が国は……領有権を確立」したという。

＊㊂部分で竹島について「漁獲の好地」と表現する点にも注意が必要である。後述するように、当時松島（竹島）で獲られた漁獲物は家の再生産を保障しうる量にはほど遠かった。したがって松島（竹島）で当時「生業としての漁獲」つまり漁業を行っていたとは言えない史実があった。それを「江戸時代に松島（竹島）で漁業を行っていた」と書いてしまうと明らかに史実に反してしまう。だからここでは「漁獲の好地」なる修辞を用いているのである。

さらにそれは「遅くとも……一七世紀半ばには」領有権の確立をみたというのに、なぜ

「一七世紀半ば」なのかの説明がない。おそらく何らかの補足説明がなければ納得のしようがないし、仮に教科書に外務省見解が盛り込まれたとして「なぜそのように言えるのか」を学校教師が生徒にきちんと説明できるだけの材料が、ここにはない。本章では、右の外務省・日本パンフ見解（つまりは首相官邸見解）㈠から㈣について、その来歴を振り返りながら検証する。

＊㈤については、ここで先に述べておく。㈤は「鎖国令」理解に関わる研究史をまるで無視した誤りであり、このような論じ方をすべきではない。それは第一に、いわゆる「鎖国令」は長崎奉行に宛てられた職務内容の確認書面であって全国法令ではないから、長崎奉行の管轄を外れた領域に「鎖国令」が適用されようはずもないからである。長崎奉行の権限は長崎の地において生起する対外関係の諸事象と九州大名に対する監察に存するのであって、朝鮮と関わることがらは管轄の対象外である。また第二に、「鎖国令」にいう「日本人の海外渡航禁止」の趣旨はキリスト教禁圧政策に従属するものであって、日本人の海外渡航一般の問題ではない。したがって、第三に、一七世紀末に徳川幕府と朝鮮王朝との交渉（元禄竹島一件）を経て鬱陵島は朝鮮領だと両政府間で確認されたが、その際の幕府側判断は「鎖国令」に依拠したものではない。それは、対馬藩と朝鮮政府との交渉の上に立ち、鬱陵島領有をめぐる日朝双方の史料的根拠を検討した上で幕府が最終的な決断を下

したものである。そうした諸点を踏まえると、鬱陵島・竹島と「鎖国令」とを結びつけて論じることはそもそも誤りであり、㊄に見える主張には学問的な根拠がない。

川上健三『竹島の歴史地理学的研究』

サンフランシスコ平和条約が調印（一九五一年九月八日）されてから発効（一九五二年四月二八日）するまでの途上にあたる一九五二年一月一八日、李承晩《イスンマン》韓国大統領は海洋主権宣言を行い、いわゆる李承晩ラインのなかに竹島を取り込んだ。同月二八日に日本政府はただちに抗議を行い、二月一二日に韓国側の反論がなされた。これに対して一九五三年七月一三日に日本政府は「竹島に関する日本政府の見解」を明らかにし、これ以後竹島領有の正当性を争う日韓間の見解が一九六五年まで四回にわたって往復した（本書第七章）。

その際の日本側見解を基礎づけたのが、当時、外務省条約局第一課事務官であった川上健三の仕事である。一九五三年八月付で刊行された外務省条約局『竹島の領有』なる八〇頁余の冊子は、その内容から当時の日本側見解を基礎づけたものであり、実際の執筆者は川上であることが明記される。『竹島の領有』を大幅に増補したものが『竹島の歴史地理学的研究』（一九六六年）であり、三〇〇頁に及ぶ大作である。奥付に記される川上の肩書きは、外務省条約局調査官である。

とりわけ江戸時代部分の記述は『竹島の領有』に比べて飛躍的に詳細なものとなっており、それは量的に豊富な史実を提示するようになっただけでなく論証も精細なものとなっている。そうした飛躍をもたらしたのは、外務省として実施した大谷家文書の史料調査があるように感じられる。『竹島の領有』における大谷家文書の活用が島根県蔵『竹島渡海由来記抜書控』を一ヶ所で引用するにとどまっているのに対し、『竹島の歴史地理学的研究』では数多くの大谷家文書を引用しているからである。しかも『竹島の領有』では、大谷家三代め九右衛門勝信の請書文面中に今日の竹島の姿を見出しうるとする指摘にとどまるのに対し、『竹島の歴史地理学的研究』では複数の大谷家文書を読み解きながら今日の竹島領有の正当性が江戸時代に淵源をもつことを仔細《しさい》に論証しているからである。

江戸時代に関する川上の論点

『竹島の歴史地理学的研究』のなかから、本章の課題とする江戸時代の状況および評価に直接関わる川上の主張を引用・整理しておきたい。なお、川上は鬱陵島を一貫して「欝陵島」と表記している。

【川上A】今日の竹島が松島の名で文献上に現れる初見は、『隠州視聴合記』(一六六七年)

である（五〇頁）。また、「諸文献*からみて、わが国では元禄九年（一六九六年）の竹島渡海禁止以前はもちろん、その以後においても、松島・竹島の名称のみならず、両島に関する正しい地理的知識も相当後年に至るまで継承されていた」（五六頁）。

日本の古地図で松島・竹島が描かれるものは多く、精細なものもある（五六〜六五頁）。「これらの地図**は、当時の日本人が竹島・松島をいかに熟知しており、かつ、これを経営していたかを証明する決定的な証拠」（六五頁）という（たとえば図7）。

*川上が列挙するのは、以下の資料である。幕府問い合わせに対する鳥取藩回答書（一六九六年一月二三日）、鳥取藩政資料（一七二四年か）、大谷勝房が寺社奉行所に提出した書面（一七四〇年四月、大谷家文書）、同じく長崎奉行所に提出した書面（一七四一年六月一〇日、大谷家文書）、『竹島図説』（一八世紀半ば）、『長生《ちょうせい》竹島記』（一八〇一年）、『竹島考』（一八二八年）、石州八右衛門の聴取書（一八三六年）。

**松島を描いた最古の地図として川上が指摘するのは元禄九年（一六九六年）のものである（六四頁）。

【川上B】「日本人が今日の竹島（往時の松島）について、相当古い時代より正*しい地理的知見をもっていた……が、このような同島に対する知見は、日本人による欝陵島（往時の竹島

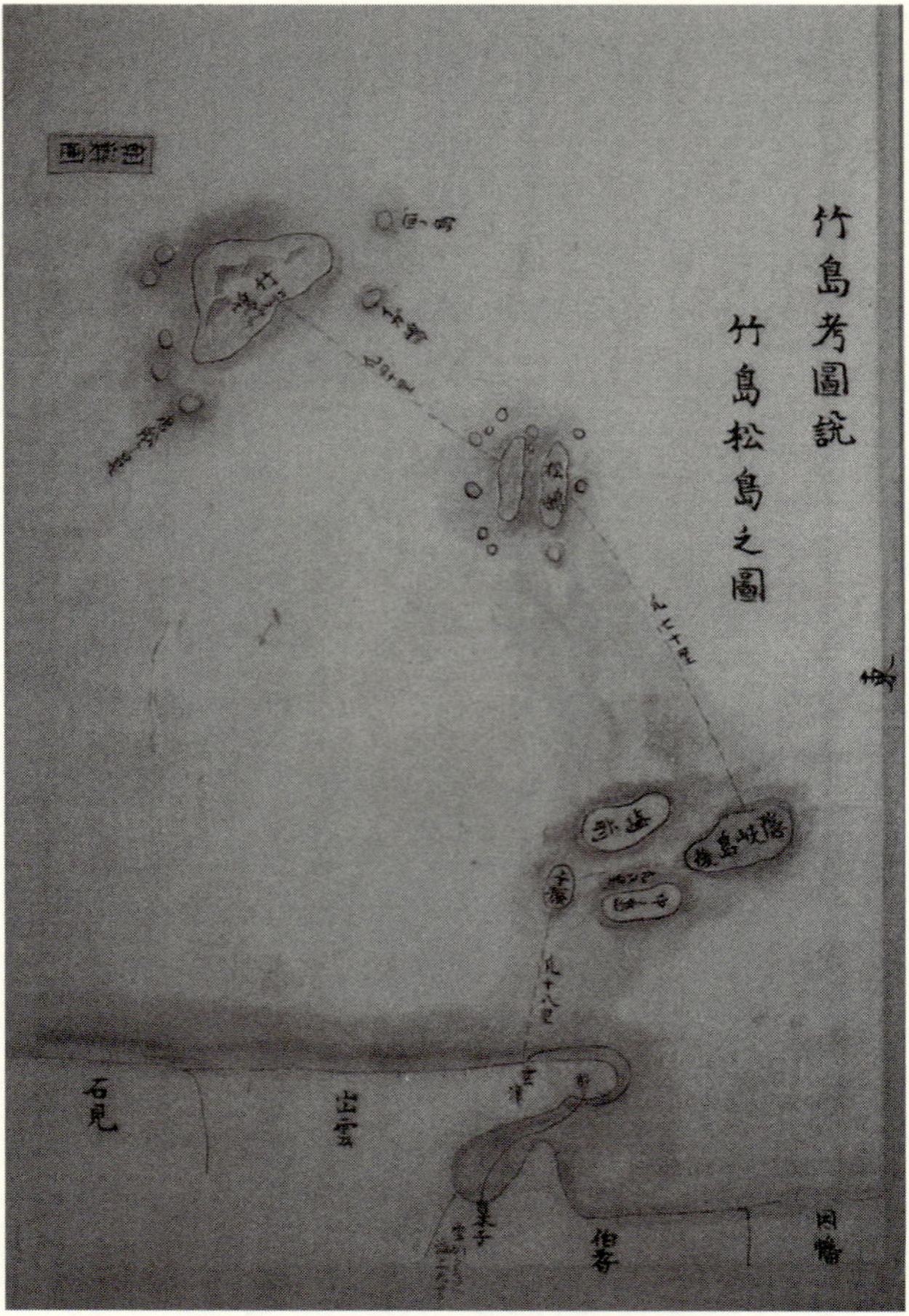

図７　『竹島考』（1828年）の「竹島松島之図」

または磯竹島）開発の歴史と不可分の関係にある」（六六頁）、「日本人の欝陵島開発に一時期を画することとなったのが、元和四年（一六一八年）の竹島渡海免許である」（七一頁）、「かくて日本人による竹島（欝陵島）の開発は、幕府公認の下に本格化することとなるが、この竹島への渡航の道筋に当たっていたのが、当時松島の名で呼ばれていた今日の竹島で、同島が竹島往復の途次の船がかりの地として、また、あしかやあわびの漁採地として利用されるようになったのは、当然のなりゆきであった」（七三頁）。

＊文献、古地図を通じて川上が提示した最古のものは『隠州視聴合記』（一六六七年）である。

【川上C】「大谷・村川両家は、その独占的事業として、船に葵の紋を打ち出した船印を掲げて、毎年交代で竹島（欝陵島）に渡航してあわびの採取、みち（あしか）の漁獲、檀木や竹の伐採等に従事し、またその渡航の途次松島（今日の竹島）にも立ち寄って漁猟に従事した」（八三頁）、「漁獲したあわびは串あわびとして将軍家および幕閣に献じ」た（八三〜八四頁）。

【川上D】「松島に対しても、竹島の場合と同じく大谷・村川両家が幕府から渡海免許を受けたことは、……明らかである」（七三頁）、「万治三年（一六六〇――引用者注）または寛文元年（一六六一――引用者注）の松島渡海というのは、大谷・村川両家が幕府の正式承認の下に、同島におもむくようになった年を意味しているようにも考えられる」（七九頁）。

【川上E】「かくて元和四年（一六一八年）以来七〇余年の間、大谷・村川両家の竹島（欝陵島）渡海は、その独占的事業として他からなんらさまたげられることもなく、平穏のうちに続けられ、またその渡海の途次松島においても漁猟が行われてきた。しかるに元禄五年（一六九二年）に至り、はじめて多数の朝鮮人が欝陵島において漁採に従事しているのに遭遇し、これが契機となって、宗対馬守と朝鮮国政府との間に竹島（欝陵島）の帰属をめぐって外交交渉が行なわれることとなり、元禄九年（一六九六年）には、幕府は竹島への渡海禁止を決定するに至るのである」（九二～九三頁）。

地理的な知見は領有権を証明するか

外務省見解㈠～㈢が、【川上B・C】を典拠としており、川上の文章をほぼそのままに引き写していることは、両者を対比すれば誰の目にも明らかである。そして㈣は、「一七世紀半ばには、竹島の領有権を確立」したことを述べる点で、そもそもは【川上D】を典拠としていたことが推測されるものの、両者には大きな違いがある。【川上D】が「松島渡海免許」を根拠にして松島渡海における幕府の正式承認を論じるのに対し、㈣にはそのような論証が示されないからである。こうした点を念頭に置きながら、外務省見解の根拠となった川上の主張を検証することとしたい。

【川上A】については、地理的な知見それ自体では領有権の証明たりえないことは、よく知られているとおりである。【川上A】ののち、日本古地図をもって「竹島の日本領たりうるか否か」の問題が色彩の有無やその態様などからさまざまに論証されてきたが、地図それだけでは正確な結論を導き出すことはできない（本書第五章）。また、松島なる島名の文献上の初見は、『隠州視聴合記』より少し遡る一六五〇年代の石井《いしい》宗悦《そうえつ》書状（後述）である。

鬱陵島の利用と竹島

【川上B】のうち、今日の竹島は鬱陵島の利用と不即不離だとする指摘は重要である。史料上も今日の竹島が単独で現れることは決してなく、常に鬱陵島の利用に関わるかたちでしか出てこない。鬱陵島の利用を離れて今日の竹島それだけを単独で活用するなどということはありえないのである。

また、竹島（鬱陵島）渡海免許をもって「日本人による竹島（欝陵島）の開発は、幕府公認の下に本格化する」と手放しで評価することには留保が必要である。まずは竹島（鬱陵島）渡海免許と称されている江戸幕府年寄連署奉書（老中連署奉書）を掲げてみよう。

先年、伯耆国米子より竹島（欝陵島）へ船で渡ったという。それを踏まえて今度また渡海したいと米子町人村川市兵衛・大屋《（大谷）》甚吉が申し出てきたことについて、大御所と将軍の判断を仰いだところ、よろしいとの仰せであった。それで竹島（鬱陵島）への渡海を仰せつけることになった。

五月十六日

永井信濃守　尚政　判
井上主計頭　正就　判
土井大炊頭　利勝　判
酒井雅楽頭　忠世　判

松平新太郎殿　人々御中

右の奉書に連署した四名はいずれも老中である。宛先の松平新太郎とは鳥取藩主池田光政《いけだみつまさ》のことである。文中に見える大御所は徳川秀忠《とくがわひでただ》、将軍は家光《いえみつ》である。老中連署奉書には月日の記載のみで年の記載がないのは通例である。川上がこの連署奉書を元和四年のものと判断したのは後世に編纂された大谷家由緒書が根拠である。しかしながら、奉書署名者の老中就任年代の比較考量および同時代の対馬藩政資料中の記述に従えば、この渡海免許の発給は元和四年ではなく、おそらく寛永二年（一六二五）と確定できる。*

＊学問的な事実確定にあって、後世の編纂物と同時代の一次史料のいずれが優先されるべきかははっきりしている。にもかかわらず、外務省見解が元和四年説を本文中に示して寛永二年説を注に回しているのは、歴史学の研究成果は認めないと宣言するに等しい。

ところで、大谷・村川両家の記録によれば、竹島渡海免許の発給をもって「竹島を拝領した」と述べることが少なくないし、大谷家由緒書には「日本の土地を広めた」とすら記述される。しかしながら、渡海免許の文面には竹島（鬱陵島）への「渡海」を許すとのみあり、竹島の「領知」を認めるものではない。もし領知を認めるものであれば、別途、鳥取藩主宛の領知朱印状に書き込まれなければなるまい。

江戸幕府の時代にあっても、およそ抽象的な「日本領」なる土地は存在せず、*土地は高（生産力）が把握されて村に所属させられ、大名領主には支配するすべての村名を列挙した領知朱印状が将軍の代替わりごとに交付されて確認された。そうやって具体的に積み上げられた村名（および村高）の総体が日本の土地（日本領）である。

*現在の竹島も島根県隠岐郡隠岐の島町に付されている。また、一九〇五年の日本領編入時も隠岐島司の所管として隠岐国周吉《すき》・穏地《おち》・海士《あま》・知夫《ちぶ》郡官有地台帳に登載され、一九三九年四月には同様に五箇《ごか》村《むら》に付されている。

果たして鳥取藩主に交付された領知朱印状に竹島（鬱陵島）が書き込まれたことが一度なりともあっただろうか。現在、鳥取藩主宛の領知朱印状は写ばかりが伝来し、それら写には「因幡《いなば》・伯耆両国」の高のみが記載される。領知として宛がわれた村名を列挙する領知目録はひとつも伝来しないが、知行が因幡・伯耆両国に所在する村々に限られていたことは、幕末頃に編纂されたと思われる『御判物根帳抜書《ごはんもつねちょうぬきがき》』と正徳三年作成の『領知御目録村数増減改帳』という二点の鳥取藩政資料で具体的に確認できる。

そして、竹島（鬱陵島）が因幡国・伯耆国内のどこかの村に付属させられるなどということとは、常識的にいって、ありえない。それは、元禄国絵図「因幡国図」「伯耆国図」を点検すればはっきりする。いずれの「国図」にも鬱陵島が描き込まれないからである。

それらとの対比で、元禄国絵図「隠岐国図」には隠岐国島後《どうご》福浦から竹島（鬱陵島）へと到る航路が朱線で引かれているから、竹島（鬱陵島）は隠岐国に付属させられたとする主張が出てくるかもしれない。しかしながら、仮にそうであった場合、鳥取藩主宛の領知朱印状に飛び地領として隠岐国の村名が記載されねばつじつまが合わないが、そうした事実は一切ない。

要するに、右の竹島渡海免許をもって、江戸時代に竹島（鬱陵島）が日本領になったなどということは主張できないのである。

竹島（鬱陵島）は朝鮮領

【川上B】の検証を、竹島渡海免許に即してもう少し続けてみよう。

大谷・村川両家の由緒書に見える免許発給の経緯は、概ね以下のとおりである。元和三年（一六一七）、伯耆国米子に来ていた旗本阿部《あべ》四郎五郎正之《まさゆき》に対して大谷が竹島渡海の許可を幕府から得たい旨を申し入れ、翌四年、大谷が江戸へ下向して、阿部の仲介で幕府から免許を得るに到った、と。

先述したように元和四年の竹島渡海免許発給は史実としてありえないが、元和三年の阿部四郎五郎米子滞在は史実として確認できる。元和三年三月、池田光政が鳥取城主となり、因幡国・伯耆国あわせて三二万石の大名となった。そのため、それまで因伯両国に散在した中小大名の城地は没収されるか転封させられた。それらの差配にあたったのが幕府から派遣された旗本阿部四郎五郎であった。

阿部は、米子・鹿野《しかの》両城の引き渡しを差配したのち、伏見に戻ったという。元和三年七月～九月には、将軍秀忠および幕閣は伏見に在城していたからである。米子からの移動を考えると、八月中には伏見で幕閣に対する復命がなされたと見てよいから、このとき竹島渡海の申請が幕閣に提起されたと想定できる。

阿部が伏見に復命したであろう頃、江戸時代第二回めの朝鮮通信使が伏見滞在中であり（元和三年八月二一日～九月一〇日）、国書交換は伏見城でなされた。この朝鮮通信使の伏見滞在中に、老中土井《どい》利勝《としかつ》が対馬藩家老柳川調興《やながわしげおき》に対して竹島（鬱陵島）をめぐる話題を投げかけたことが、朝鮮通信使の一員である李景稷《イギョンジク》の使行録『扶桑録《ふそうろく》』一〇月五日条に記録されている。土井は、竹島渡海免許に署名した四人の老中の一人であり、秀忠付筆頭老中である。

伏見在城中に土井が柳川に語りかけた内容は、かつて豊臣秀吉《とよとみひでよし》の時代に磯竹島（竹島＝鬱陵島）に入り込んだ日本人があり、その者は磯竹島で材木を伐採して帰り、秀吉から磯竹弥左衛門と名づけられた、しかしながら今は磯竹島へ往来する日本人もなくなった、というものである。

そして、この対話が記録される少し前、一〇月一日条にある柳川と李景稷の対話にあっては、一六世紀末に断交状態に陥った日本と朝鮮との関係が徳川家康《いえやす》の平和を求める意向によって修正されたことと関連させて、磯竹島（竹島＝鬱陵島）が明らかに朝鮮領であることの確認がなされている。おそらくはその対話を踏まえて、柳川が伏見在城中の土井の話を一〇月五日になって李景稷に話題提供したものであろう。五日の対話では、磯竹島へ往来する日本人もなくなった状況を踏まえて、徳川家康が進んで朝鮮通信使の来日を求めたことにも言及するからである。

一〇月一日と五日の二つの対話記録を通して、戦争による断交から平和と友好への転換と絡めて磯竹島への日本人渡島断絶と朝鮮領としての確認が、柳川と李景稷とのあいだで交わされていることがわかる。

ところで、慶長一九年（一六一四）、朝鮮王朝の東萊府使尹守謙、朴慶業と対馬藩とのあいだで、朝鮮領である磯竹島（鬱陵島）への日本人渡航・入島が事実上禁止であることが確認された。また、元和六年（一六二〇）、磯竹島（鬱陵島）に渡海・居住していた鷺坂弥左衛門父子が幕命に基づいて派遣された対馬藩士によって捕縛され、伏見に送致されている。捕縛を幕命で行っている以上、幕府として、磯竹島（竹島＝鬱陵島）への日本人渡海が違法だと考えていたことは明らかである。さらに寛永一四年（一六三七）、村川船が竹島（鬱陵島）渡海後に朝鮮半島へ漂着した際に、釜山倭館に詰めていた対馬藩士は、日本人が竹島（鬱陵島）へ渡海することは「公義御法度《こうぎごはっと》」（幕府によって禁止されている）であると述べた。したがって、一七世紀初頭の江戸幕府、対馬藩はいずれも、竹島（鬱陵島）は日本人の渡航・居住が禁止された朝鮮領であると確認していたこととなる。

磯竹島に日本人の入り込んでいることを土井が元和三年には知っており、また同じ年に伏見で竹島渡海事業の提案を受けた可能性が高いながらもただちに渡海免許を発給していない事実からすれば、土井はこの段階で竹島（鬱陵島）渡海の違法性を認識していた蓋然性が高い。そして元和六年の事件である。免許の発給は、元和三年からすれば八年後、元和六年からは五年後である。違法性の認識が土井の脳裏からすっぽりと抜け落ちていたとは考えにくい。署名した幕閣が竹島（鬱陵島）は朝鮮領だと承知の上での渡海免許発給であったとすれば、そこに「竹島の領知を認める」と書けなかったのも当然である。

そののち竹島（鬱陵島）渡海免許は、元禄九年（一六九六）幕府の竹島（鬱陵島）渡海禁止に際して幕府が没収するまでのあいだ、将軍代替わりや鳥取藩主代替わりに際して更新されたことは一度もなく、それゆえに少なくとも折々の幕閣が当該事業を幕府公認のものと認識していたとは考えられない。

たしかに竹島（鬱陵島）渡海に際しては、鳥取藩から少なからぬ額の前銀が貸し出されて収獲物と相殺されることは寛永年間から元禄六年秋まで続けられた。収獲物はまず鳥取藩へ収められ、その残りを自由に処分することが認められた。竹島渡海時には藩の船手奉行から船切手が発行されて航路の保証がなされ、大谷・村川両家の江戸参府に際しても、鳥取藩から援助や助言・指示が与えられた。こうした点からすれば、大谷・村川両家の竹島渡海は鳥取藩の公認事業と位置づけうる。一方で、竹島（鬱陵島）で収獲されたあわびが「竹島串あわび」として毎年のように幕閣に献上されたし、幕閣からの謝状も残されているものの、幕閣等への目見えは自動的に設定されたのではなく、大谷・村川の側が意識的に要請することで初めて可能となった。

したがって幕府の側が主体的に渡海事業を公認していたと呼べるかどうかは難しいが、客観的に見て、官民一体あるいは官の丸抱えによって行われた事業とは見なしうる。しかしながら、それは、竹島（鬱陵島）を朝鮮領として政治的に確認する、という史実を換骨奪胎して渡海免許が発給された、そうした事情の上に繰り返された渡海事業である。

残る論点の検証

【川上C】における大谷・村川両家の生業の姿は、生業の対象が竹島（鬱陵島）であり、松島（竹島）での「漁猟」が付随的なものにすぎないとする限りでは、誤りではない。

【川上D】は後に回し、【川上E】を先に述べておく。【川上E】については、竹島（鬱陵島）渡海免許の発給時期が元和四年ではなく寛永二年であることを確認し、また松島（竹島）での漁猟が付随的なものでしかないという点がきちんと見極めできれば、説明それ自体は誤りではない。松島（竹島）における漁獲は竹島（鬱陵島）におけるそれとは比較にならないほど小規模であり、それ単独では家業として再生産可能なものではなかった。

一方、【川上D】にいう「松島渡海免許」は存在しなかった。松島渡海免許については、原本も写本も伝来せず、免許に言及する一次史料がひとつもないばかりか、幕閣は元禄九年（一六九六）に竹島（鬱陵島）渡海禁令を出すことを検討する過程で初めて松島（今日の竹島）の存在を知ったことが史料上明らかである（本書第三章）。

原本も写本も伝来せず、免許に言及する一次史料がひとつもないなかで、川上は、いったいどうやって松島渡海免許の発給を推測したのだろうか。まず、川上が大谷家の松島渡海開始を寛文元年だと結論づけ、そこから翻って松島渡海免許が寛文元年に発給されたと推測することとなった四通の手紙を次に掲げ、これらの史料からいったい何が読み取れるかを検討してみたい。ここに登場するのは大谷家、村川家、旗本阿部家（その家臣亀山）の三者である（カッコ内は引用者が補った）。

ⓐ（時候の挨拶《あいさつ》、贈物への謝辞、お互いの安否確認を省略）さて竹島（鬱陵島）への渡海筋にある松島（竹島）へ小舟を出す件について（あなたから）申し入れがありましたので、今度（村川）市兵衛方に様子を具体的に尋ねてみました。すると、去年（村川）市兵衛が（松島に）舟を出しましたが、着舟できずに大分の損を出したとのこと、したがって、（今後についても）まず市兵衛が（松島に）舟を出し、大谷家はその次の順番で渡海をするのが良いかと存じます。順番の年に（亀山のところまで）お越しいただければ、直接にご意向を承ることもできるかと存じます。当年は（大谷家も）江戸へ長く御逗留《とうりゅう》のようですが特に当方へお顔出しになることもなく、手紙ばかりでは十分に得心がいかないように感じます。そのうえ（村川）市兵（衛）の言い分とあなたの書面とでは少々食い違いがございます。市兵（衛）方は直接に話を伺《うかが》いました。あなたとも直接にお話を伺う機会があればと存じます。恐惶《きょうこう》謹言

（万治元年／一六五八）九月七日

亀山庄左衛門（花押）

大屋《（大谷）》九右衛門様御報

＊追伸部分は本文の内容と重複するので省略。

ⓑ村川市兵衛方へ遣す書状の写

（書出文言、時候の挨拶、お互いの安否確認を省略）さて、竹島（鬱陵島）の近所にある小島（松島）へ小船を渡すことについて、去年あなた（村川市兵衛）がおっしゃったのは、大屋九右衛門方が同意しないので村川家だけで（松島へ）舟を出したいとのことでした。その節私ども（旗本阿部家の側）が申しましたのは、（大谷家が）当分は同意しないとしても、きっと（松島で）収獲もあるだろうから大屋の側も舟を出したいと言い始めるに違いありません。ですから大谷家が舟を出したいと言い始めるまでは村川家だけで（松島へ）舟を出すので良いのではないかということでした。今度（大谷）九右衛門殿が来てお話しなさるには、（村川）市兵衛と同意の上で（松島へ）小船を出したいとのことでした。私の方では、そのようになさるのがもっともだと思うと返事をしておきました。とは言うものの去々年には村川が（松島渡海で）大損をしているとのことですから、まず来年も村川が船を遣し、大屋が（松島に）渡る順番については、来る丑寅《うしとら》両年より（大谷）九右衛門方が舟を派遣し、その後はいつものように（大谷・村川）両人が交替で順に舟を派遣するのが良いと存じます。かの島（松島）は草木もない場所でとりたてて収獲もなく、みち油（アシカ油）が取れるだけのところとのことです。それでは、お互いに問題を生じないように（大谷・村川両者で）御談合をなさってください。恐惶謹言
右のとおり村川市兵衛方へ手紙を書きました。念のため書き写してお目にかけます。

（万治二年／一六五九）九月八日　　亀山庄左衛門（花押）
　大屋《大谷》道喜様

ⓒ（書出文言、時候の挨拶、贈物への謝辞、父阿部四郎五郎正之死去の件、省略）来年はあなた（大谷家）が竹島（鬱陵島）へ船を出し、松島（竹島）へも初めて舟を出すことになったことについて村川市兵衛と相談なさったとのこと、了解しました。委細は家来亀山庄左衛門の方からご連絡を差し上げますので詳しくは述べません。恐惶謹言

（万治三年／一六六〇）九月四日　　阿部権八郎政重（花押）
　大屋《大谷》九右衛門様　　御返事

ⓓ（書出文言、安否文言省略）さて、（阿部）四郎五郎儀は、去る三月上旬より煩出し、

同月十六日に亡くなりました。皆さんには古くからの知人ということもあり、御悲歎《ひたん》になっていることと存じます。後継者は、四郎五郎存生のうちに末弟権八郎へと考えて公儀（幕府）の許可も済ませてありますのでご安心下さい。（四郎五郎の）病中にも御老中の皆様方からお見舞いをいただき懇《ねんご》ろな取りはからいをあれこれしていただきましたので、ほんとうに四郎五郎としても有り難いことだと思います。権八郎は四郎五郎と同様に御老中様方とは懇ろの間柄ですのでご安心下さい。御用のこともございましたら四郎五郎のときと同様におっしゃって下さい。ご遠慮には及びません。さて、来年より竹島（鬱陵島）の内にある松島（竹島）へあなたの舟を派遣することについては、先年四郎五郎が御老中様から御内意を得たところです、渡海する年の順番を定めて、市兵衛殿とあなた（大谷家）へ証文を御渡ししますので、村川殿と御相談になって、その証文にしたがって渡海をなさって下さい。市兵衛殿もあなたも、その証文どおりに少しも違約のないようになさってください。では、いずれまた。恐惶謹言

（万治三年／一六六〇）九月五日　　亀山庄左衛門（花押）

大屋《大谷》九右衛門様　御報

（追伸）なお、村川市兵衛殿が近日江戸へ参府すると伺いました。渡海についても直接に話を聞けると思います。市兵衛が江戸を離れる頃にでも御

手紙を差し上げます。先年お渡ししておいた証文に具体的に書いてありますので、その記載にしたがって渡海をなさってください。うまくゆくと思います。追々、吉報をお待ちすることとします。以上

松島渡海と渡海免許

ⓐ〜ⓓの年代確定の手順は拙著（池内［二〇一二］）に譲ることとし、ⓐ〜ⓓを踏まえて、松島渡海をめぐる大谷家、村川家、旗本阿部家（亀山は家臣）三者の構図を整理してみよう。

明暦三年（一六五七）にはすでに村川家単独で松島（竹島）渡海を試みており、松島（竹島）渡海にともなう利権をめぐっては大谷家との間に意見の違いが見られ（ⓐⓑ）、両者の意見調整を阿部に求め、万治元年（一六五八）には村川側の考えを詳しく阿部に伝えることとなった（ⓐⓑ）。

このときの村川側の基本姿勢は、松島渡海について大谷側が同意しないので、村川単独で実行したい（ⓑ）、というものであった。村川側の言い分に対し阿部四郎五郎（その家臣亀山庄左衛門）は、大谷側もしばらくは松島渡海に不同意かもしれないが、松島渡海にもそれなりの利益があるだろうから、いずれ松島渡海をしたいと言い出すであろう。大谷側が松島渡海を求めてくるまでのあいだは村川単独でも認めよう（ⓑ）という。

松島渡海をめぐる村川・大谷双方の意見の相違が、どのような内容であったかはわからない。しかしながら、あいだにあった阿部（亀山）の側でも書面でわかるほどの違いはあった。

こうした状況に対し、阿部（亀山）は、村川単独による松島渡海事業をよしとはしなかった。万治元年にはすでに村川・大谷の交代による松島渡海を画策し（ⓐ）、そうした大谷への働き掛けが翌万治二年に大谷九右衛門の阿部訪問（ⓑ）と、寛文元〜二年における大谷の松島渡海とその後の大谷・村川による順番での渡海（ⓑ）という調整案に落ち着いていった。両者による談合（ⓑ）をこそ阿部は重視したのである。

ところで村川による松島渡海の試みは明暦三年が初めてのことではない。一六五二〜五四年頃のものと推測される大谷道喜《どうき》宛石井宗悦書状によれば、その頃すでに村川市兵衛は松島（竹島）経営の展望を温めていた（本書第三章）。そんな村川とすれば、たとえ単独であっても松島渡海事業は行いたかったであろう。そして遅くとも明暦三年にはそれを実行に移していた。

こうして村川単独による松島渡海の既成事実化が進められていた以上、阿部四郎五郎の存生中に老中から得たという内意（ⓓ）は、松島渡海の新規許可ではありえない。また、村川家と大谷家の双方へ交付した証文（ⓓ）もまた同様に松島渡海の新規許可ではありえない。それらは両者へ交付されたものであったから、村川単独により既成事実化された松島渡海を追認し免許を与えるものともなりえない。先年渡しておいた証文どおり渡海すべし（ⓓ）ともいうのだから、「内意」にしろ「証文」にしろ、おそらくは村川が単独先行して進めていた松島（竹島）渡海のやり方を刷新し、大谷・村川双方による渡海事業へと調整する内容をもつものではなかったろうか。大谷と村川の「談合」（ⓑ）や「御相談」（ⓓ）を重視したのはその点と関係する。

以上を要するに、「松島渡海免許」の存在を証明することなどできないのである。これら四通からわかるのは、万治から寛文の頃に松島渡海をめぐる大谷・村川両家の利害調整がなされたということである。

竹島の領有権は近世前期に確立したか

先述したように外務省見解は【川上A～E】の引き写しである。以上に述べた【川上A～E】の検証を通じて、あらためて外務省見解を見直すこととしよう。

外務省見解㈠～㈢は、部分的に訂正を必要とはするものの、松島（竹島）の利用がそれ単独ではありえず、竹島（鬱陵島）の利用と併せて初めてありえた点がきちんと確認される限り、史実としては誤りではない。問題は、㈠～㈢を踏まえることで㈣が論証できるか、である。㈣の下敷きとなったのは【川上D】である。【川上D】では、一七世紀半ばに幕府が松島渡海免許を発給したことを論じており、そうした幕府免許を得ての松島（今日の竹島）経営であれば「一七世紀半ばには、竹島の領有権を確立しました」とする外務省見解にも説得力があるだろう。しかし、松島渡海免許は存在しなかった。㈠〜㈢と㈣のあいだには、埋めがたい溝が横たわっており、論の飛躍は覆いがたい。現状のままでは外務省見解は誰も納得させることができないだろう。

ところで、近時、塚本孝によって次のような説が唱えられた。「大谷・村川家と幕府の仲介をしていた阿倍四郎五郎という旗本の家来、亀山庄左衛門の大谷九右衛門勝実宛ての書簡（万治三〈一六六〇〉年）に、来年から大谷船が松島へ渡海することにつき四郎五郎が老中の内意を得たとあるので、記録上、一六六一年以降は、今日の竹島についても幕府の公認の下で渡航していたことがわかる」。「同島（竹島のこと）についても、一六六一年以降は幕府の許可を得て漁を行っていた」というのである（第三期竹島問題研究会編［二〇一四］一四二頁、一八四頁）。

ここで塚本の引用する史料は、先述の大谷九右衛門あて亀山庄左衛門書状（ⓓ）のことである。この史料をもって松島渡海免許発給を推測したのは今から五〇年前の川上健三である。そして、そうした史料解釈が成り立たないことは、拙稿（池内［一九九九］）で述べ、本書でもいましがた確認したところである。先行研究に対してきちんと反証を挙げた上での立論ならよい。何の臆面もなく旧説をそのまま引きずり出して提示することに学問的な意味があるとは思えないし、領土問題の解決には何ら資するところがない。

とりわけ塚本が「老中の内意」を強調することには大きな違和感がある。「内意」は先述したように大谷家・村川家両家の松島（竹島）渡海の調整作業に関わる意向のことである。百歩譲って仮にそれを幕府による松島（竹島）渡海の公認に関わる行為であったとしよう。しかしながら、それはあくまでも幕府決定でも免許でもない老中の「内意」である。それは同業他者を排除したい民間人にとって権威づけとなる効果を持ったことは容易に想像がつくが、名前も明らかにならない某老中の「内意」をもって「幕府の公認」「幕府の許可」とするのは暴論である。おまけにこの史料にいう「内意」それ自体が、ひょっとすると阿部四郎五郎正之の裁量でそのように述べたにすぎない架空の作為である可能性すら否定できないことは、川上自身が述べている。

こうした空疎な史料解釈で外務省見解の穴埋めをするのは無理というものである。今日の竹島への渡海について幕府から公式の許認可があったことは、論証不可能である。したがって、「一七世紀半ばには、竹島の領有権を確立しました」とする日本政府（外務省）見解は、その立論の基幹部分で致命的な弱点を抱えているのである。

第三章　元禄竹島一件
——なぜ日韓の解釈は正反対なのか

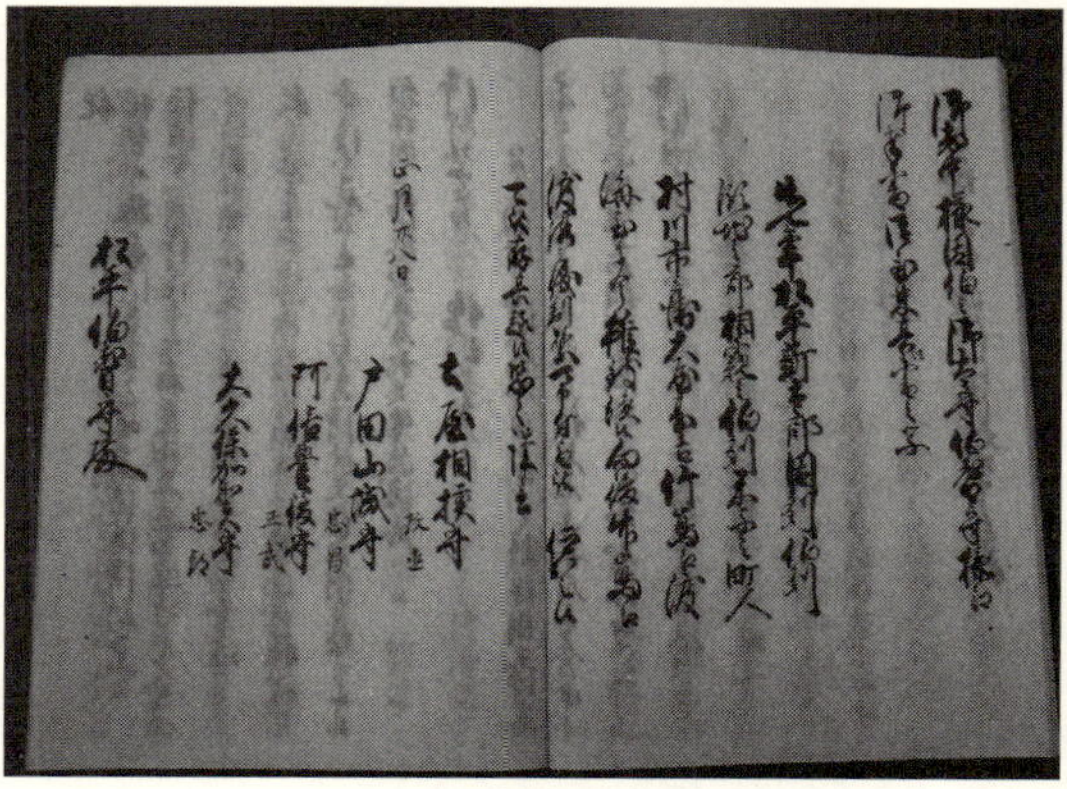

元禄竹島渡海禁令（元禄９年〔1696〕）

元禄竹島一件とは

元禄五年（一六九二）三月、それまでと同じように竹島（鬱陵島）に出漁した鳥取藩米子商人大谷・村川両家の船は、そこで多数の朝鮮人漁民と初めて出会い、何らの収獲をも挙げられぬままに帰港した。翌年四月にも竹島（鬱陵島）で朝鮮人漁民と競合した両家の船は、竹島（鬱陵島）間近まで出かけながら二年続けて漁にならなかった。そこで両家の船は竹島（鬱陵島）に出漁していた朝鮮人のうち二人（安龍福、朴於屯《パクオドゥン》）を米子へ連れ帰り、鳥取藩家老荒尾修理《あらおしゅり》に善後処置を求めた。これを受けて鳥取藩は大谷・村川両家の利権保護を江戸幕府に求め、幕府は対馬藩に対して「竹島（鬱陵島）への朝鮮人出漁禁止」を朝鮮政府に求めるよう命じた。

元禄六年暮れに始まった対馬藩と朝鮮政府との交渉は、紆余曲折を経て、元禄九年正月、幕府は、当初の指示とは反対に「日本人の竹島（鬱陵島）渡海を禁じる」ことを命じ（元禄竹島渡海禁令）、大谷・村川両家の竹島（鬱陵島）渡海の歴史は幕を閉じた。

一方、幕府が出した結論は朝鮮側に伝わるまでに約一年間を要した。この間に朝鮮人安龍福が隠岐諸島を経て鳥取藩領へ来航する事件も発生した（安龍福事件）。安龍福は三年前に人質として鳥取藩に連行された人物である。幕府方針をまだ朝鮮側に伝えていなかった対馬藩では、安龍福の行動は竹島一件交渉と深く関連するのではないかとの疑念にかられ、安龍福事件の後に元禄竹島渡海禁令を知った朝鮮王朝中央は、安龍福の行動によって幕府から譲歩を引き出せたのだと誤解した。こうした一連の事件を元禄竹島一件と呼ぶ。

なお、大谷・村川両家は元禄竹島渡海禁令ののち、竹島（鬱陵島）出漁の復活を含めるなど家業成り立ちを求めての訴えを鳥取藩や幕府に対して繰り返した。そうした訴訟の行方に一定の結論が与えられて事態に落ち着きがもたらされるのは、おおよそ一八世紀半ばを過ぎてからである。

1　元禄竹島渡海禁令

分かれる渡海禁令の評価

元禄竹島一件および元禄竹島渡海禁令の評価は、日本と韓国で正反対である。

日本パンフは「ポイント4　日本は一七世紀末、鬱陵島への渡海を禁止する一方、竹島への渡海は禁止しませんでした」なる項を立てる（九頁）。そこでは、元禄竹島一件によって「日本人の鬱陵島への渡海を禁止することを決定」する「一方で、竹島への渡海は禁止されませんでした。このことからも、当時から、我が国が竹島を自国の領土だと考えていたことは明らかです」と述べる。

これに対し、韓国パンフは「韓日間の鬱陵島争界と韓国の独島領有権の確認」なる項を立てて以下のように述べる（七頁）。「江戸幕府は一六九五年一二月二五日、鳥取藩への照会を通じて「鬱陵島（竹島）と独島（松島）はいずれも鳥取藩に属さない」ことを確認し（「鳥取藩答弁書」）、一六九六年一月二八日、日本人の鬱陵島方面への渡航を禁じるよう指示しました。／これで、韓日間の紛争は決着し、鬱陵島争界により鬱陵島と独島が韓国の領土であることが確認されました」というのである。
つまり、日本側は、元禄竹島渡海禁令によって竹島（鬱陵島）渡海のみが禁止され、松島（竹島）渡海は禁止されなかったと見る一方、韓国側では、同じ禁令をもって竹島（鬱陵島）・松島（竹島）両島ともに朝鮮領として確認されたと解釈する。まずは元禄竹島渡海禁令の文面を提示し、日本外務省の見解を基礎づけた川上健三説を検討するところから始めよう。

渡海禁令と川上説

元禄竹島渡海禁令の文面とは次のようなものである。発給年が元禄九年であることは写本の伝来とともに諸書に明らかであり、議論の余地がない。文中の松平新太郎は池田光政、差出の四名はいずれも幕府老中であり、宛先の松平伯耆守は元禄九年時点での鳥取藩主池田綱《つな》清《きよ》である。また、将軍は徳川綱吉《つなよし》である。

先年、松平新太郎が因幡・伯耆を領知していたときに幕府に伺いを立て、伯耆国米子の町人村川市兵衛・大屋（大谷）甚吉が竹島に渡海をし、その後現在に至るまでも漁をしてきたが、これからは竹島へ渡海することは禁止するとの将軍の仰せであるから、そのように心得なさい

正月廿八日

土屋相模守　政直
戸田山城守　忠昌
阿部豊後守　正武
大久保加賀守　忠朝

松平伯耆守殿

右の禁令によって竹島（鬱陵島）渡海のみが禁止され、松島（竹島）渡海は禁止されなかったとみる最大の根拠は、文面には竹島（鬱陵島）渡海禁止のみが記されて、松島（竹島）渡海禁止なる文言がどこにも見えないところにある。川上健三は「元禄九年（一六九六年）の幕府の竹島（欝陵島）渡海禁制以後、明治時代の初期に到るまでのあいだに、今日の竹島を日本人が引きつづき経営していたことを積極的に証拠だてることもまた困難である。／ただし、竹島への渡海が禁制された後でも松島（今日の竹島）への渡海が禁止されたわけではなかったことは、元禄九年正月廿八日付の竹島渡海禁制に関する奉書に／「向後竹嶋え渡海之儀制禁可申旨被仰出候云々」／とあって、松島についてはなんら言及されていないところからも知られる」（川上［一九六六］一九〇～一九一頁）と述べる。

五〇年前の川上は、渡海禁令の文面だけを読み、禁令の成り立ちについては精査しなかった。そうした研究水準にあっては、右のような誤解が幅をきかせたとしても仕方なかった。しかし、今は違う。禁令の成り立ちが仔細に検討できる研究状況にあるからである。

老中阿部の認識転回

元禄六年に始まった日朝交渉はやがて行き詰まって膠着《こうちゃく》した。状況を打開するため、元禄八年（一六九五）一〇月六日、前対馬藩主宗義真《そうよしざね》は江戸に入り、一一月二五日より幕閣との協議が始められた。対馬藩はそれまでの交渉経過に関わる書類を可能な限りすべて幕府に提出し、そのなかには朝鮮側主張を裏打ちする『東国輿地勝覧』『芝峯類説』など朝鮮地誌類も含まれていた。それらを参照した幕府も竹島（鬱陵島）を日本領とは断言できなかった。

提出された諸書類を検討した老中阿部《あべ》豊後守正武《まさたけ》は、一二月一一日、折衷案を提示する。日本人の竹島（鬱陵島）渡海はこれまでどおりとし、朝鮮人の竹島（鬱陵島）渡海も認める。明確な線引きではなく曖昧模糊《あいまいもこ》としたかたちで両者共存させてはどうか、というのである。これに対して対馬藩側は、それでは密貿易の懸念があるとして否定的であった。同二四日、阿部は鳥取藩江戸藩邸に対して竹島（鬱陵島）に関する七点の問い合わせを行ったが、その第一条は「因幡国・伯耆国に付属する竹島は、いつの頃から因幡・伯耆両国に付属するのか。藩主の先祖が因幡・伯耆に領地を与えられる以前からなのか、与えられてからのことなのか」というものであった。

鳥取藩側は翌二五日、第一条めに対して「竹島は因幡・伯耆に付属するものではありません」と返答するとともに「竹島・松島そのほか、因幡・伯耆に付属する島は存在しません」（第七条）と述べた。この問答が阿部の認識を転換させ、元禄九年正月九日、阿部は対馬藩家老平田直右衛門に以下のように述べた（カッコ内は引用者が補った）。

竹島はもともと明らかに日本領だというわけでもない。伯耆から渡って漁をしているというので鳥取藩に尋ねたところ、竹島は因幡・伯耆に属する島というわけでもない。二人の米子町人が「先年のとおりに渡海したい」と願い出てきたので、当時の藩主であった松平新太郎（池田光政）殿から打診があり、「以前のごとく渡海してもよい」と新太郎殿へ老中奉書をつかわした。その奉書は……おおよそは台徳院《たいとくいん》（徳川秀忠）様の時代のことかと思われるものの、「先年のとおり」という「先年」がいつ頃まで遡るのかははっきりしない。そうした経過で鳥取藩領民がそこへ渡海して漁を続けてきたものにすぎないという。もともと朝鮮領であったものを日本領としたわけでもなく、日本人が住んでいるわけでもない。また竹島までの距離は、伯耆から一六〇里ほどなのに対して朝鮮からは四〇里ほどである。とすれば、竹島とは「朝鮮国の鬱陵島」のことであろうか。こうしたことからすると、日本人が住んでいるか日本のものにした島であれば、今さら返すというわけにもいかないだろうが、そうした証拠もないのだから、今回の一件は、こちらからあえて問題としないほうがよいのではないか。鮑《あわび》取りに行くだけの無益な島ごときのことで、日本と朝鮮の両国関係がもつれてしまい、ねじれた関係が解けずに凝り固まって、これまで継続してきた友好関係が断絶するのもよくなかろう。本来は筋の通らないことを御威光や武威でもって相手をねじ伏せるようなやり方でこちらの意見を通そうというのも要らないことである。

鳥取藩、松江藩との問答

元禄九年正月二三日、幕府は鳥取藩江戸藩邸に対してあらためて竹島（鬱陵島）・松島（竹島）渡海に関わる問い合わせを行った。それは、一二月二五日付鳥取藩返答書第七条に松島への言及があり、初めて聞く島名を不審に思ったからである。その返答書第一条めでは、鳥取藩領米子の大谷・村川両家に雇用された者のほかには鳥取藩領の者でも竹島（鬱陵島）渡海を行わないこと、まして鳥取藩領以外の者は竹島（鬱陵島）渡海を行わないことが述べられる。ただし、竹島（鬱陵島）渡海に際して大谷・村川両家が出雲《いづも》・隠岐の者を雇用する場合もある、と述べる。またこのとき、松島（竹島）に関わっては次のように述べた。それは、松島は、因幡・伯耆いずれの国に付属する島というわけでもない、松島へ出漁するのは、竹島（鬱陵島）へ渡海する途中にあるから立ち寄って漁をするのであり、鳥取藩領（因幡・伯耆国）以外の者が松島へ出漁するというのは聞いたことがない、というものであった。

こうした回答を踏まえて、正月二六日、幕府は出雲の松江藩に対して領民の竹島（鬱陵島）渡海について六点にわたって問いただした。

松江藩による回答は、出雲・隠岐の者は竹島（鬱陵島）渡海に積極的な関わりをもたないことを述べるものばかりである。したがって、幕府としては、竹島（鬱陵島）渡海を規制しようと思えば、鳥取藩領（因幡・伯耆）民の動向（とりわけ大谷・村川両家）さえ把握できれば事態は収拾できると判断できた。

したがって、元禄九年正月二八日に出された竹島渡海禁令は全国法令ではなく、鳥取藩に対する個別法令であった。現実に渡海を行ってきた鳥取藩領民に対する規制さえなされれば渡海禁止の実があがると判断されたからである。

元禄竹島渡海禁令の歴史的評価

元禄竹島渡海禁令は、元禄九年正月二三日付の老中宛鳥取藩返答書の「松島（竹島）は鳥取藩領ではない」を踏まえて出された。そうである以上は、禁令の文面上に「松島渡海を禁じる」ことは、明記されていなくても含意されているのは当然である。とりわけ松島(竹島)の活用は竹島(鬱陵島)の活用と切り離しては成り立ちえなかった(次項で述べる)のだから、竹島(鬱陵島)渡海が禁止されれば松島(竹島)渡海は存立しえなかった。元禄竹島渡海禁令によって、竹島(鬱陵島)・松島(竹島)両島への日本人の渡海事業は、幕府すなわち当時の日本政府中央によって明確に終止符を打たれたのである。

ところで、実は、川上健三は元禄九年正月二三日付の老中宛鳥取藩返答書の存在を知っており、おそらくはその歴史的意義もわかっていたに違いない。川上は『竹島の歴史地理学的研究』のなかで、次のように述べて当該文書の歴史的意義を否定しようとする。

鳥取藩の述べた「竹島(鬱陵島)は因幡・伯耆付属ではありません」「松島(竹島)は因幡・伯耆いずれの国に付属する島でもありません」の意味は、「竹島(鬱陵島)・松島(竹島)は鳥取藩領ではない」というものではない。鳥取藩は竹島(鬱陵島)経営に関係していなかったから、老中の問い合わせに対して「竹島・松島なる島のことは知らない」と述べたのだ。その限りで「竹島(鬱陵島)・松島(竹島)は因幡・伯耆に付属するものではない」と述べたにすぎない、というのである(八四~八五頁)。

たしかに川上の研究は、大谷家・村川家の竹島(鬱陵島)渡海事業を旗本阿部家を介して幕府と直結させて理解する傾向にある。したがって、大谷・村川家と鳥取藩との関わりには注目しないから、鳥取藩の竹島（鬱陵島）経営への関与については分析が手薄である。しかしながら、鳥取藩は寛永年間から大谷・村川両家に対して渡航費用の前貸しを行っており、藩の御船手奉行は竹島（鬱陵島）渡海船に毎回渡航手形を発給して渡海を公的に保障した。また、大谷・村川両家の江戸参府に際しては鳥取藩江戸藩邸が援助を行った。したがって「鳥取藩は竹島（鬱陵島）経営に関係していなかった」とする川上説の前提は成り立たない。

　元禄九年正月二三日付の老中あて鳥取藩返答書は、そこに書かれているとおり「松島（竹島）は鳥取藩領ではない」ことを明確に述べたものである。第二章でも触れたように、松島（竹島）が領知朱印状や郷帳に書き込まれたことが一度もない以上、それを藩領の一部だと主張できるはずがないのである。

　ついでながら、元禄六年（一六九三）に安龍福を竹島（鬱陵島）から連行する事件（本章後半で述べる）が起こった際に対馬藩江戸藩邸は、江戸在勤長崎奉行に対して「竹島というのは鳥取藩領内にあるわけではなく、因幡国から一六〇里ほども離れた場所にある島」だと説明している。

松島（竹島）の活用実態

元禄竹島渡海禁令によっても「竹島への渡海は禁止されませんでした」（日本パンフ）とす

る理解を、今度は別の角度から検証しよう。
松島（竹島）の名が得られる史料上の初見は、一六五二〜五四年頃のものと見られる大谷道喜宛石井宗悦書状である。その書面には松島（竹島）活用に積極的な村川家の姿が記されており、松島（竹島）へ小船を送り、島の周囲にいるアシカを鉄砲で竹島（鬱陵島）へ追い立てれば竹島（鬱陵島）での収益が増すだろうという村川家の構想が書き留められる。また、延宝九年（一六八一）の幕府巡見使に対する請書では「この小島（松島）にても「みちノ魚」（アシカ）の油を少しづつ」と松島（竹島）での収量が少量であったことを記す。

竹島（鬱陵島）における収量は、たとえばアシカ油に限定して比較しても、三艘だての渡海船の一艘分として「みつ之魚ノ油樽三百拾四」（寛永一四年の場合）が計上されており、加えてアシカ皮・肉・干鮑・塩鮑などを収獲物として大量に持ち帰ったのである。こうした収量を見比べるならば、松島（竹島）単独での収益は家業を支えうる規模ではなかったことが明瞭である。

実際にも、収益対象としての松島（竹島）渡海については村川家ばかりが積極的であり、大谷家は乗り気ではなく、やがて村川家は松島（竹島）での事業に失敗して大きな損失を出すことになる。そのため旗本阿部氏の仲介で、それまで別々に計算されてきた竹島（鬱陵島）と松島（竹島）の収益を合算した上で大谷・村川両家で分配するよう収支計算方式を変更してみたりする。また、村川家由緒書によれば、「竹島渡海のうちに勝手宜しからざる義」もあって、天和二年（一六八二）に米子町の塩問屋口銭収取の特権を認めてもらったという。ここにいう「勝手宜しからざる義」とは、おそらくは松島（竹島）事業失敗による大損失のことである。

こうした状況を勘案すると、松島（竹島）渡海に消極的であった大谷家はもちろん、積極的に松島（竹島）渡海事業の展開を志向した村川家にあっても、松島（竹島）渡海事業単独で家業を継続することはできなかったとするのがきわめて素直である。

竹島（鬱陵島）渡海事業が継続されていた一七世紀を通じて、松島（竹島）が単独で利用されたことはなく、常に竹島（鬱陵島）と併せての利用であった。そうである以上は、竹島（鬱陵島）への渡海が禁止されれば、松島（竹島）への単独渡海はありえない。この元禄竹島渡海禁令が出された後には、大谷家・村川家いずれも竹島（鬱陵島）・松島（竹島）両島への渡海事業から完全に撤退した。

村川家は、元禄竹島（鬱陵島）渡海禁令後に、直接幕府に向けて渡海復活歎願を行ったが却下された。その村川家が、さればといって松島（竹島）にだけは渡海を続けたなどということは全くありえない。竹島（鬱陵島）渡海全盛時代にあってすら、村川家は松島（竹島）渡海で大きな損失を出し、松島（竹島）渡海の収益だけでは家業が維持できず、竹島（鬱陵島）での収益と合算した上で、さらに塩問屋口銭収取の特権を得てようやく家業が維持できたことをすでに経験済みだからである。

大谷家の場合

大谷家も、一七三〇～四〇年代に直接幕府に生業の維持を求める歎願を行った。元文五年（一七四〇）四月、江戸へ出た大谷家四代め九右衛門勝房は、竹島（鬱陵島）渡海禁令後に失った家業を補うものとして、大坂廻米への参与と長崎貫物連中への参加の二点を寺社奉行一座四名の前へ直接要望した。

その折の、寺社奉行四名（牧野《まきの》越中守貞通《さだみち》、本多《ほんだ》紀伊守正珍《まさよし》、大岡《おおおか》越前守忠相《ただすけ》、山名《やまな》因幡守豊就《とよなり》）と大谷九右衛門との一問一答の様子が記録されている。このなかで、寺社奉行一同は大谷家代々による竹島支配を「重要で価値のあること」と述べつつも「「竹島・松島両島渡海禁制」が命じられて以後は、鳥取藩米子家老から扶持《ふち》でも与えられてきたのか」と大谷勝房に尋ねている。

また、寺社奉行から江戸在勤長崎奉行萩原《はぎわら》伯耆守美雅《よしまさ》を訪ねるよう命じられた大谷勝房は、萩原に向けて、元禄年中に「竹島・松島両島の渡海禁制」を命じられて以後の状況を述べている。つまり、幕府側も大谷勝房もともに、元禄竹島渡海禁令を「竹島・松島両島渡海禁制」と明言しているのである。その上で大谷勝房は、失った家業を補うものとして竹島（鬱陵島）や松島（竹島）への渡海復活を歎願するのではなく、全く別の事業である大坂廻米や長崎貿易への参与を求めた。

したがって、この対話からは二つの点が明らかとなる。第一に、幕閣も竹島渡海事業者たる大谷家もともに元禄竹島渡海禁令を「竹島（鬱陵島）と松島（竹島）両島への渡海禁止令」と捉《とら》えていた事実である。したがって第二に、竹島渡海事業の代わりとして大坂廻米や長崎貿易を志向した大谷家が、元禄竹島（鬱陵島）渡海禁令ののちも松島（竹島）への渡海だけは継続したなどということは想定不可能である。

一七世紀末には竹島の領有権を放棄した

以上に従えば、元禄竹島渡海禁令をもって、わが国が一七世紀末には、竹島の領有権を放棄したことは否定しようがない。つまり、遅くとも一七世紀末にはわが国の竹島に対する領有権は存在しない。したがって、日本パンフにいう見解は成り立たない。

しかし一方、だからといって韓国パンフにいうように、元禄竹島渡海禁令をもって竹島（鬱陵島）・松島（竹島）両島がともに朝鮮領として両国間で正式に確認された、などともいえない。幕府・対馬藩と朝鮮政府とのあいだで議論されたのは竹島（鬱陵島）についてであって、史料をいくら精査しても松島（竹島）はそうした議論の過程には一切現れないからである。

また、元禄竹島渡海禁令の対象として松島（竹島）が含意されているのは既述のとおりである。しかしながら、それは日本人の渡航禁止対象として竹島（鬱陵島）・松島（竹島）を挙げたということである。「日本人が渡航してはいけない島だ」ということが、ただちに「朝鮮領の島だ」ということになったりはしない。韓国パンフの見解も、その限りでは全く成り立たない。

2 安龍福事件

韓国パンフの安龍福事件

元禄竹島一件の過程で派生した安龍福事件についても、日韓間で評価が真っ向から対立する。韓国では一般に安龍福を、独島を守った英雄として強調しがちであり、少し前までは安龍福の事績は竹島論争のなかでも重要な位置づけが与えられていた。これに対して現在の韓国パンフでは少し抑制された扱いとなっており、本文中では言及がない。パンフ後半の「独島に関する一問一答」の「Q5」で安龍福事件の評価が記される（韓国パンフ一八頁）。

その重点は、安龍福が「松島（竹島）は朝鮮領だ」と日本漁民に対して述べたことが朝鮮王朝側史料（『粛宗実録』）に記載され、隠岐島の官吏による安龍福の事情聴取にも「鬱陵島（竹島）と独島（松島）は江原道（朝鮮東岸の行政区画）に属する」と陳述したことが記録される、という点に置かれている。つまりは、一七世紀末の日本・朝鮮双方の同時代史料に、安龍福が松島（竹島）を朝鮮領だと日本人に向かって明言した事実があるではないか、という主張である。

安龍福事件までの前史

一五世紀以来の朝鮮政府歴代は朝鮮人の鬱陵島渡航・居住を禁じていたから（鬱陵島空島化政策）、大谷・村川両家の竹島（鬱陵島）渡航時に日朝漁民の競合することはありえなかった。日朝漁民の競合事件が発生したのは元禄五年（一六九二）三月末が初めてのことであり、翌元禄六年三月半ばにも連年で同様の事件が発生した。

最初の競合事件について村川船の船頭黒兵衛は、鳥取藩の事情聴取に際して次のように述べる。竹島（鬱陵島）に着船したところ、すでに鮑がかなり収獲された様子で不審に思い、島内の別の浦へまわったところ唐船が二艘見え、朝鮮人三〇人ほどがいたという。そのなかに日本語の通じる者がいたので、「この島は徳川将軍から我々が拝領し、毎年渡海してきた島である。そうした島へどうして渡航してきたのか」と尋ねたところ、「自分たちは、「国主《こくしゅ》」に納める鮑《あわび》を採るために三年に一度ずつ竹島（鬱陵島）より北方の島へ漁に出る。その島を目指していたところ竹島（鬱陵島）に漂着し、この島も鮑が豊富なことに気づいて漁を行っていた」と。黒兵衛は「それならば早々に島を立ち去るように」と言ったとも、二度とこの島で漁をしないように「脅し叱」ったともいう。とはいうものの竹島（鬱陵島）の朝鮮人は、黒兵衛と対談した朝鮮人によれば五〇人余もいるらしいのに対し、村川船の乗員は二一人であった。多勢に無勢を心もとなく思い、やむなく漁をあきらめて帰帆した。

翌年（元禄六年）再び竹島（鬱陵島）へ赴いたところ、島には朝鮮人の小屋掛けがあり、なかには鮑やわかめが大量に納められていた。そばに日本語の通じる朝鮮人がいたので問うたところ、三艘に四二人が分乗して出漁してきたという。去年、二度と竹島（鬱陵島）で漁をしないよう朝鮮人漁民に求めたにもかかわらず、今年もまた同様の事態となった。このままでは竹島（鬱陵島）での漁が継続できなくなると懸念した船頭黒兵衛らは、島にいた朝鮮人二人（安龍福、朴於屯）を証拠人（人質）として米子に連れ帰り、竹島（鬱陵島）出漁に対する保護を鳥取藩に訴え出ることにした。

訴えは鳥取藩の手を経て幕府月番老中土屋《つちや》相模守政直《まさなお》に伝えられた。ここで大谷・村川両家及び鳥取藩の求めたものは朝鮮人漁民の竹島（鬱陵島）出漁禁止であり、日朝交渉は対馬藩に委ねられた。その交渉は紆余曲折を経て膠着状態に陥り、やがて前対馬藩主宗義真が江戸へ出て幕閣と協議し、その結果、元禄九年正月、当初の指示とは正反対に「日本人の竹島（鬱陵島）出漁禁止」が幕府によって命じられた。そしてその結論が朝鮮政府に伝わる元禄一〇年正月より前に、安龍福の隠岐・鳥取来航事件（安龍福事件）が発生した。

安龍福の来航と対応

元禄九年五月、安龍福を含む一一人の朝鮮人が鳥取藩領を目指して海を渡ってきた。鳥取藩江戸藩邸の記録によれば、安龍福ら一一人の乗った朝鮮船が五月二〇日に隠岐へ到着したとの第一報は六月二日に鳥取藩国元に届いている。隠岐では幕府代官後藤角右衛門手代の中瀬弾右衛門、山本清右衛門の両名が応対にあたり、今年竹島（鬱陵島）に渡海した朝鮮船三二艘のうちの一艘が伯耆国へ願いごとがあって渡海してきたと述べたという。同四日には安龍福らは伯耆国赤碕《あかさき》に到り、一方で事件の発生は同一三日に江戸藩邸へもたらされて、ただちに老中大久保加賀守に報告された。

対馬藩江戸藩邸に事件が報《しら》されたのは六月二三日である。朝鮮人が隠岐へ来航して因幡に訴訟事案があると告げたのち、鳥取藩領に到ったという。鳥取藩は朝鮮語通詞《つうじ》派遣を幕府に要請し、老中大久保加賀守は対馬藩に朝鮮語通詞の派遣を指示した。同時に大久保は鳥取藩江戸留守居に対し、どうしても鳥取藩に訴えたいことがあると朝鮮人が言っている以上、鳥取藩で訴えを取り上げざるをえまいと述べた。

しかし六月二四日、大久保は、訴えの如何《いかん》にかかわらず長崎奉行所以外では取り扱わない原則だから長崎へ行かせること、もし長崎へ行かないのであれば帰帆させるように、と指示を改める。さらに七月二四日の鳥取藩宛の最終指示では、朝鮮人の訴訟は取り上げないので鳥取藩領からただちに追い返すように、と変更された。この最終指示の決定には対馬藩からの働きかけが大きく影響した（後述）。

鳥取藩の把握した内容

ところで、鳥取藩では安龍福の意図（訴訟内容）がどこまで把握できていただろうか。対馬藩江戸留守居鈴木半兵衛が鳥取藩江戸留守居吉田平馬に尋ねたところ、「朝鮮人アンヒチヤク（安龍福）は色々なことをよく知っていて、おおよそのところは日本言葉を話します。訴訟の件は対馬藩と関わりのあるもののようだと聞いています」と述べた。元禄六年に人質として連行・送還された際に対馬藩では縛られたりした、というようなことを再三述べている、という。この限りでは、安龍福の来航目的は、先回の送還時に対馬藩から受けた冷遇に対する不満を訴えたかった、ということになる。

隠岐で安龍福らに事情聴取した幕府代官手代中瀬、山本からの報告書は六月二日に鳥取藩国元に届けられた。二〇〇五年になって広く知られることとなった隠岐・村上家文書「元禄九丙子年朝鮮舟着岸一巻之覚書」なる史料は、五月二三日付で中瀬、山本から幕府の石州代官所に宛てられた文書の写である。宛て先は異なるが、文書内容及び作成者からすれば、村上家文書の内容は六月二日に鳥取へ届けられた報告と概ね合致するものと見て差し支えない。

右の村上家文書中には、安龍福が「伯耆国へ行き、鳥取伯耆守様（鳥取藩主、当時は池田綱清）へ申し上げたいことがあって、今回参りました」と述べたほか、以下のような内容が中瀬、山本によって記録される。

五月二二日、安龍福、李裨元、雷憲、同弟子が船から降りて陸へ上ったのは、西風が強くて船中が穏やかではなく物を書くことができず、上陸して書きたいというからであった。それで海辺近くの百姓家へ誘ったところ、それまでに箇条書きのメモをとりながら二一日に船内で書きかけていたもので、今回の訴訟に関する長々とした文章の下書きをし、さらに清書も行っていたけれども、二二日に船から上がって陸地で相談をし、さらに文章を書き換えたように見える。とはいうものの、以前のメモ類で大筋の内容は理解できる。

こうした記録の様子によれば、中瀬、山本は安龍福の訴訟内容を把握していたことが確実である。

村上家文書の末尾には「朝鮮人が提出した書類は目録にして使者に持参させる」とも述べるから、安龍福らが作成した訴状の写は鳥取藩国元へもたらされたと考えてよい。だから対馬藩側に対し、安龍福の渡航目的が「対馬藩と関わった訴訟のようだ」と断言しうる根拠は鳥取藩側の手元にあったといえる。

ところで鳥取藩は、儒者辻晩庵《つじばんあん》を介して安龍福らとの筆談に努めているが、老中に対しては、筆談をすれば訴訟を受け付けたことになるから筆談はしない、と述べている。鳥取藩では、安龍福の来航事由をかなりの程度まで把握できていたにもかかわらず、幕府に対しては、朝鮮語通詞の派遣を要請したこととも併せ、言葉がわからないから事情がわからないという建前を貫いた。

さて、村上家文書の内容はそもそも五月二三日付で石州代官所へ宛てられたものであったから、隠岐へ朝鮮人が訴訟目的でやって来たとの情報や持参文書類は幕府代官所ルートを通じて老中のもとへも届いたはずである。しかしながら、安龍福の訴状等が幕府側から問題とされた形跡は皆無である。また、安龍福が持参した「将軍に宛てられた文書、鳥取藩主宛てに提出された文書」は、少なくとも鳥取藩江戸留守居の手元にまでは届けられていたことが確認できるが、「そうした書物を含めて、何《いず》れも取り上げない」と記録されている。つまり、幕府も鳥取藩も、安龍福の訴状等を目にしながら一切取り上げずに黙殺したということである。

対馬藩としての対応

対馬藩では安龍福の訴訟目的をどう判断しただろうか。六月二四日、対馬藩江戸家老は老中阿部正武用人に対し、元禄六年の冷遇問題が主たる目的であろうことを述べる。しかし同時に、元禄九年正月二八日付の日本人竹島渡海禁令をいまだ朝鮮側に伝えておらず、かたちの上では問題が未解決に放置されている時期の訴訟であるだけに、竹島一件に関わる訴訟と推測できる余地もあった。

当時対馬府中にいた前藩主宗義真は、事件に対する藩の見解を一四ヶ条にまとめたなかで、以下のように述べる。朝鮮人たちが因幡国を目指して渡航してきたことや、先年竹島（鬱陵島）に来ていたアンヒチャク（安龍福）が含まれているところからすれば、今回の渡航目的は「竹島の訴訟」にあるのかもしれない。すでに朝鮮側が納得いくであろう幕令（日本人竹島渡海禁令）が出されたにもかかわらず、まだ朝鮮側に伝えてはいない。もしここで安龍福の訴訟が竹島一件に関わるものであり、その訴訟を受け付けたとなると、朝鮮側は、日本人竹島渡海禁令を安龍福の訴訟行為によって勝ちとったと誤解するに違いない。とすると、今後日朝間で係争が生じるごとに直接来航して訴訟をして解決を図る者も現れるかもしれない。それでは、日朝間を取り次ぐ役儀を負った対馬藩の存在意義を大きく損なうこととなり、大問題である。

したがって安龍福一行は以下のように処置されるべきだと宗義真は主張する。まずもって訴訟を聞かずに鳥取藩領からただちに帰帆させること（第一案）。もしそれができなければ長崎奉行所へ送り届け、訴訟を受け付けないままに本国送還の手順をすすめること（第二案）。訴訟を聞かざるをえなければ、対馬藩が聞いて幕府へ報告する（第三案）。

七月二三日、この方針をもって老中阿部豊後守、大久保加賀守に働きかけた結果が、翌二四日、安龍福一行を即座に追い返すべしとする鳥取藩への最終指示となった。安龍福一行は八月六日に鳥取藩領賀露《かろ》港を発って直接に帰国した。対馬藩の懸念が振り払われるかたちで安龍福は姿を消したのである。

安龍福証言の信憑性

八月二九日、安龍福は帰国した江原道襄陽で官憲によって捕縛された。次に示すのは、捕縛ののち官憲に対してなされた安龍福の供述である。すでに第一章でも触れており、一部重複するが、ここでは竹島論争において従来注目されてきた部分を全文掲げて検討してみたい（カッコ内は引用者が補った）。

東萊人安龍福が母を訪ねて蔚山に至り、僧雷憲らと偶然に出会った。鬱陵島が物産豊かであることを説き、あわせて一一名で⒜鬱陵島へ渡航した。すると日本船が多数来泊していたので、安龍福は「鬱陵島はもともと朝鮮領なのに、どうして日本人が越境してこの地を侵すのか」と一喝した。これに対して日本人は「われわれはもともと松島に住んでおり、たまたま漁のために出てきたまでで、今ちょうど帰ろうとしていたところである」と弁明した。これを聞いて⒝安龍福は「松島とはすなわち子山島（于山島）のことではないか。これもまたわが国の土地である。どうしてそんなところに住んでいるのか」と述べ、逃げる日本人を追跡し、船を曳いて子山島（于山島）に到った。島では日本人が釜を並べて魚を煮ていたので、安龍福は再び厳しく叱責した。⒞日本人がさらに逃走するのを追いかけて、安龍福たちは隠岐島に到った。

隠岐島主が来航した理由を尋ねると、安龍福は、⒟以前ここへ来たときに「鬱陵・子山等の島を朝鮮領として日本との境界と定める」という関白（徳川将軍）の文書を得た。それなのにこの国はきちんと決まりが守られない国であって、今度もまた境界を犯す者がいる。これはどういうことなのか、と述べた。それで（島主が）そのことをすぐに伯耆州へ伝えようと言ったが、しばらく何の音沙汰《おとさた》もなかった。それで安龍福は憤慨に堪えず、船に乗って伯耆州へ直行した。ⓔ鳥取藩では「欝陵子山両島監税将」と名乗って来意を通告したところ、人馬を送って安龍福らを出迎えた。ⓕ安龍福は青帖裏の官服・黒布の冠・皮靴を身にまとって輿に乗り、ほかの同行者たちは馬に乗って鳥取城下へ向かった。

ⓖ鳥取藩庁では安龍福は藩主と対座し、他の同行者たちは中階に座った。藩主から来た理由を問われ、「前に鬱陵・子山両島に関する将軍の文書を得たのは明らかなのに、それを対馬藩主に奪われてしまった。対馬藩では日朝間のあいだでさまざまな偽造と非法が横行している。自分はこうした数々の罪状を将軍に訴えたい」と答えた。鳥取藩主はこれを認めたので、李仁成に訴状を書かせて提出しようとしたところ、ⓗ対馬藩主の父がやってきて鳥取藩主に以下のように懇願した。こうした訴状が提出されたら、わが子（対馬藩主）は必ずや重罪を得て死ぬこととなるだろう。どうか提出するのを思い留まってほしい。

（『粛宗実録』粛宗二二年〔一六九六〕九月二五日条）

傍線ⓐについては、元禄九年正月に元禄竹島渡海禁令が出されているから日本人の竹島（鬱陵島）渡海がありえないとし、史実ではない、とする通説的理解がある（日本パンフ一〇頁）。一方、元禄竹島渡海禁令が広く周知された法ではなく、幕閣、対馬藩、鳥取藩江戸藩邸でのみ知られた法令であって、鳥取藩国元に伝わるのが同年八月一日だという点に着目し、禁令が地元に伝わる前だから竹島（鬱陵島）渡海を行う日本人がいてもおかしくないとする異論がある。

大谷・村川船の竹島（鬱陵島）渡航の実態からすると、元禄五～六年は連年で竹島（鬱陵島）で朝鮮人漁民との競合事件があって、収獲がなかった。元禄七年は天候不順のため島に接近できなかった。そして同年末に、鳥取藩は次年度以降の資金援助打ち切りを宣言した。また元禄八年春の漁期には、竹島（鬱陵島）に多くの朝鮮人がいるのを見たため引き返している。こうした状況が続くなかで、元禄九年春に多数の日本人が出漁するというのはなかなか想定が難しい。しかも右の安龍福供述は、竹島（鬱陵島）で出会った日本人漁民を追いかけて隠岐に到った（ⓒ）、とするが、隠岐代官手代らによる記録（隠岐・村上家文書）には、そうした騒動の陰がまるで存在しない。手代らに対して安龍福は、「直接鳥取藩領に行こうと思っていたが、偶然に隠岐に立ち寄ることとなった」と再三述べるからである。こうした点からすると、ⓐⓒには裏づけとなる史実がない。とすると、いま韓国側が重視するⓑの発言を必然とする裏づけを得られない。

ⓓは元禄六年のときのことを指すが、元禄六年の安龍福がそうした将軍直書を受けとる機会がない。そもそも元禄六年時点の安龍福にはそうした問題提起をするつもりが全くなく、ⓓ発言は元禄九年段階での創作であることは間違いない。また、元禄六年の事件を契機にして、竹島（鬱陵島）への朝鮮人渡航禁止を求める日朝交渉を始めるよう幕府が命じているのだから、そうした状況下で幕府が竹島（鬱陵島）が朝鮮領だと認める文書を安龍福に与える動機もない。

ⓔとⓕ前半部分については概ね史実としてよい。ⓔについては、鳥取藩士岡嶋正義《おかじままさよし》が一九世紀に関連資料を収集整理して執筆した『竹島考』のなかに「朝鬱両島監税将」と墨書された旗の図が記載されているからである。冒頭部分が「欝陵子山」と「朝鬱」で違っているが、「監税将」なる架空の官職を名乗って安龍福が現れたこと自体は動かない。

またⓕ前半の「青帖裏の官服・黒布の冠・皮靴」は、隠岐・村上家文書に見える安龍福の服装「冠ノヤウナル黒キ笠、水精ノ緒、アサキ（浅葱）木綿ノウハキ（上着）ヲ着申候」とほぼ一致すると思われる。とりわけ青帖裏の青色は浅葱色とほぼ同色とみてよい。そして青帖裏は朝鮮官僚が外出する際の服装だから、安龍福は「朝鬱両島監税将」なる（架空の）官僚を装っていた事実と合致する。隠岐・村上家文書には、安龍福が朝鮮王朝期の身分証（戸牌）を所持していたことを記す。身分証には、その発給官庁の印影とおぼしきものが刻まれ、「通政太夫」「安龍福」等々の文字が刻まれていたこともわかっている。「通政太夫」は正三品堂上官の官階であり、高官の身分証ではあるが、一七世紀朝鮮民衆のあいだでは取りたてて怪しむに足らない身分称号でもあった。安龍福には、そうした称号を自称するに足る何らかの政治的・経済的裏づけがあったと見てよかろう。

一方、ⓕ後半はありえない。事実として元禄九年の安龍福は鳥取城下入りしていないからである（池内［二〇一二］第八章参照）。またⓖについては、そもそも身分格差が厳然とした前近代社会にあって、藩主と安龍福が対座することは想定しがたく、また七月一九日に帰国した藩主池田綱清が八月六日までに安龍福と接点をもつことはまず不可能だからである。なお、ⓗのように対馬藩主の父が鳥取藩主のもとへ出向く事態などは常識的に想定しがたく、また当該時期に対馬藩主の父が対馬府中にいたことは対馬藩政史料に明らかだから、この供述内容は史実ではない。

ところで、元禄竹島渡海禁令は、その文面上では日本人の竹島（鬱陵島）渡海禁止を謳っている。これを受けた朝鮮政府が、当該禁令の受容と安龍福の処分を議論する過程では、安龍福供述で言及された松島＝于山島について一切触れない。これは、この時期の徳川幕府・

朝鮮政府いずれもが、松島（竹島）に対する関心がまるでなかったことの反映である。『粛宗実録』に見える安龍福供述は、朝鮮人渡航禁止の島（鬱陵島）へ渡航したのみならず、さらに越境して日本に到ったという犯罪行為を、それが領土を護るためのやむを得ない行為であったとすることで弁明を試みたものとするのが素直だろう。日本へ渡航しようとした背景には、元禄六年時に対馬藩から受けた冷遇に対する不満があり、当時厚遇を与えてくれた鳥取藩に対する解決への期待があったのである。

安龍福事件の歴史的評価

さて、安龍福供述には一部事実を含むが、韓国パンフが強調するような、安龍福が日本漁民に向けて竹島を朝鮮領と主張した事実は裏づけが得られない。この点に関わって韓国パンフは、隠岐島官吏による安龍福の事情聴取に際して「鬱陵島（竹島）と独島（松島）は江原道に属する」と陳述した記録をもって安龍福供述の裏打ちを試みるが（一八頁）、果たしてこれは成り立つのだろうか。

先述の繰り返しになるが、隠岐・村上家文書による限りは安龍福は隠岐へ来るつもりがなかったことを再三明言しており、『粛宗実録』の供述Ⓒにある「竹島（鬱陵島）・松島（竹島）から日本漁民を追跡して隠岐に到った」とする構図自体が成り立たない。したがって、村上家文書をもって『粛宗実録』の内容を裏打ちすることは無理である。

ただし、村上家文書によれば、第一章で言及したように、安龍福は竹島（鬱陵島）・松島（竹島）・隠岐諸島の位置関係について正確な地理認識をもっていたことが明らかである。また、隠岐での事情聴取の冒頭で、安龍福は「朝鮮八道の図」を八枚にして所持していたものを提出したことが村上家文書に記される。その折に幕府代官手代らが「八道の名を書き写した」ことはわかるが、韓国パンフにいうような「鬱陵島（竹島）と独島（松島）は江原道に属する」と陳述したことが記録されたりしてはいない。もし関連する記述を探すとすれば、以下の点に留意が必要となる。

実は、村上家文書の末尾に、事情聴取の記録とは別に「朝鮮之八道」と題して八道名が掲げられ、そのうち江原道にのみ割注が付されて「この道の中に竹島・松島これあり」と記される部分がある。韓国パンフは、この部分を写真版にして史料引用するから、これをもって安龍福が「鬱陵島（竹島）と独島（松島）は江原道に属する」と陳述したものと解釈していると推測される。

この村上家文書末尾にある「朝鮮之八道」は、事情聴取記録と照らすと、安龍福持参の朝鮮八道図を見た手代らが、地図中の八つの道名を筆写し、また地図の江原道部分の東側に二つの島が書かれているのを見て「この道の中に竹島・松島これあり」と記録したものである。

ただし、これまでに知られている朝鮮製の朝鮮八道地図で鬱陵島・于山島に竹島・松島なる島名をあてて書き込んだものは一枚も知られていないし、おそらくそうした地図は存在しない。竹島・松島なる島名は日本人による命名だからである。だから安龍福の示した地図には、鬱陵島・于山島としか記されていなかったはずである。そして当時、朝鮮八道図に記載された鬱陵島・于山島を見た日本人が、それらを竹島・松島のことだと即座に了解することはありえない。

したがって、村上家文書に「この道の中に竹島・松島これあり」と筆録された背景には、安龍福によって鬱陵島・于山島が竹島・松島に該当するとの指摘があったと見なければなるまい。その限りでは、安龍福に「鬱陵島（竹島）と独島（松島）は江原道に属する」とする認識があり、隠岐代官手代らがその認識のままに「この道の中に竹島・松島これあり」と筆録したことは承認してよい。しかし、それをもって「鬱陵島（竹島）と独島（松島）が朝鮮領だと日本人に向かって明言した」とまで述べるのは過大評価である。

第四章　「空白」の二〇〇年

——外務省が無視する二つの論点

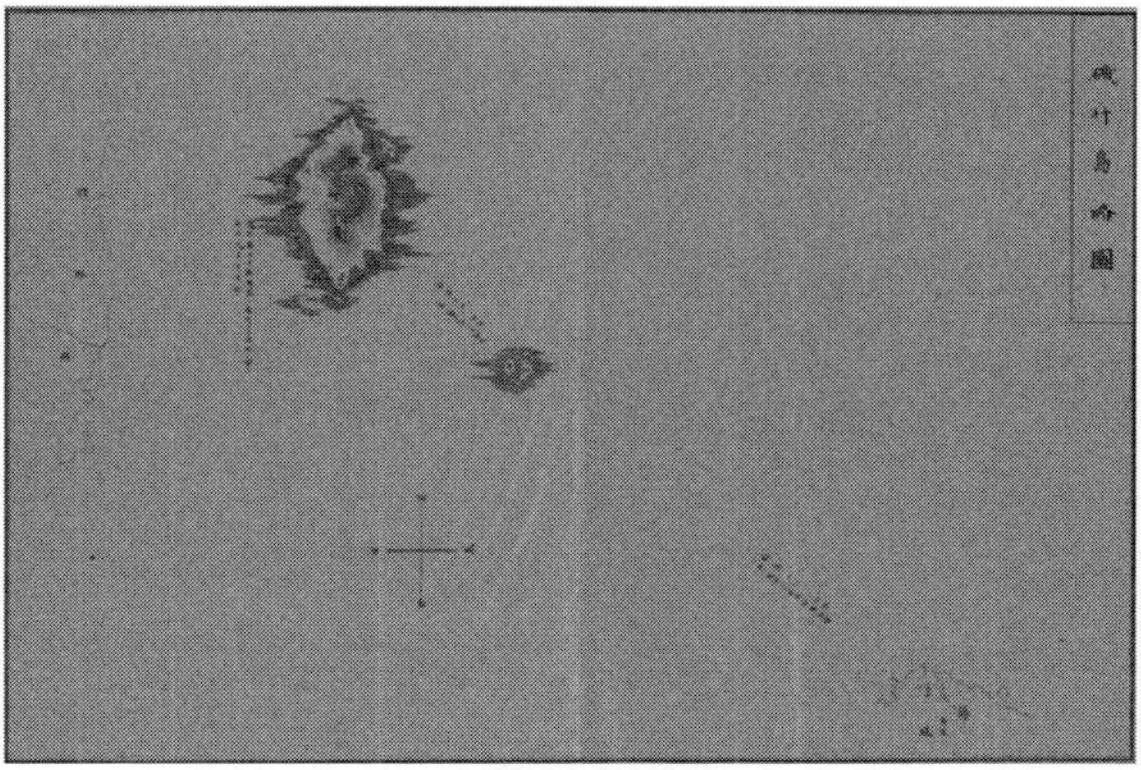

「日本海内竹島外一島地籍編纂方伺」（明治９年〔1876〕）の付図
所蔵：国立公文書館

二つの論点回避

韓国パンフは、元禄竹島一件をもって「鬱陵島と独島が韓国の領土であることが確認され」たと述べ（七頁）、その後は「明治政府に至るまで、日本政府は独島が自国の領土ではないという認識を維持していました」とする（八頁）。その際、明治一〇年（一八七七）の太政官指令を重視し、このとき太政官が内務省に対し「竹島（鬱陵島）外一島：独島は日本とは関係がないことを心得よ」と指示した史料を提示する。

「一七世紀半ばに、竹島の領有権を確立」（三頁）したとする日本パンフは、その後も「竹島への渡海は禁止しませんでした」（九頁）と述べるほかは、長久保《ながくぼ》赤水《せきすい》の地図（一七七九年初版）に松島（竹島）が記載される事実を挙げるにとどまる（五頁。本書第五章）。元禄竹島一件ののちの竹島については、明治三八年(一九〇五)の竹島日本領編入まではQ&Aを含めて特段の論証もなされないし、韓国パンフの右主張に対する反論もない。ところで、竹島の日本領たることを主張する際に、かつては天保《てんぽう》竹島渡海禁令に言及する場合が少なくなかったが、日本パンフはこの点にも触れない。川上健三も取り上げた重要な論点なのに、である。本章では、日本パンフが触れない二つの論点(天保竹島渡海禁令、明治一〇年の太政官指令)を検討したい。

1 天保竹島渡海禁令

天保竹島一件

天保七年(一八三六)、石見《いわみ》国浜田の今津屋*八右衛門による竹島(鬱陵島)渡海が発覚し、同年六月、江戸へ送致されて幕府評定所での審理が進められた(天保竹島一件)。その過程で、八右衛門の竹島(鬱陵島)渡海が浜田藩を巻き込むものであることが明らかとなった。

*かつては「会津屋」とされていたが、森須和男の考証に従って「今津屋」と表記する。

八右衛門が最初に接触した浜田藩江戸藩邸の勘定役らは、竹島（鬱陵島）が「いつれの国地とも差しきめがたい」から竹島（鬱陵島）渡海を思いとどまるよう述べ、また同藩江戸家老松平亘《わたり》は対馬藩江戸家老杉村但馬《すぎむらたじま》に依頼して竹島（鬱陵島）に関わる宗家の記録の抜書を入手し、竹島（鬱陵島）が朝鮮領であることの確認をしていた。にもかかわらず、浜田藩国元家老岡田頼母《おかだたのも》およびその家臣橋本三兵衛は八右衛門の竹島（鬱陵島）渡海を後押しした。その際、橋本は「竹島のみ差し留めとなってきたからには、松島（へ渡海すると）の名目で……渡海するのは構わないのではないか」「内々で渡海して露顕したら漂着したという格好にすればよい」とする方便を、家老の岡田頼母と合意したという。

天保四年に初めて竹島（鬱陵島）渡海を果たした八右衛門は、朝鮮人参でもあろうかと思われる草一五～一六株を掘り取り、欅《けやき》・桑・杉・桜など思い思いの木材をあわせて四〇～五〇本伐採してきたという。それを踏まえて八右衛門は、浜田藩に対し、竹島（鬱陵島）には良材があり、魚類も多く、これらを産業化すれば藩庫の補助ともなろうと提案する。

またその口上書によれば、彼以外にも竹島渡海を構想する者があり、しかも阿波の人であった。おそらく大坂と北国を結ぶ廻船が活潑に行き来するうちに、瀬戸内海域の人々で山陰地方沖合に竹島（鬱陵島）の姿を遠望する者も増えたに違いない。

幕府評定所の結論

幕府評定所は、浜田藩の関係者に対する審理とともに対馬藩江戸藩邸へも問い合わせを行っており、そこでは竹島・松島とはそれぞれ如何《いか》なる島かが問われている。対馬藩は、竹島(鬱陵島)について、豊かな森林資源を背景にして造船のために朝鮮人が渡航しているが島に人が住み着いているわけでなく、朝鮮政府の捜討使がときおり島の巡察を行っていることを述べる。一方、松島(竹島)については、元禄竹島一件の際に議論とならなかったこともあって、「松島もまた竹島同様に日本人の出漁が禁止されたとも考えられるがはっきりとはわからない」とする曖昧な返答となっている。

こうした過程を経て、幕府は八右衛門の行為を、「異国の属島へ渡海し、立木等を伐採し、持帰り候始末」が不届きとして死罪と結論づけた。そしてこの事件を契機に出された天保竹島渡海禁令は、全国法令(触書)として各地に周知徹底された。その文面を次に掲げよう。

このたび松平周防守《すおう》(康任《やすとう》。浜田藩主)領であった石見国浜田松原浦の無宿八右衛門が竹島(鬱陵島)へ渡海した一件について吟味を行ったところ、右の八右衛門そのほか関係する者たちそれぞれに対して厳しい処分を行った。右の島は、むかしは伯州米子の者たちが渡海をし魚漁などを行ってきたところではあったが、元禄のときに朝鮮へ御渡しになり、それ以来、日本人の渡海を停止するよう将軍から命じられた場所である。それがどこであれ異国へ渡海することは重々御制禁であって、これから以後、右の島についても同様に心得て、渡海を行ってはならない。もちろん日本国内各地を出た廻船などが海上で異国船と出合わないよう航路の取り方には心を用いるべき点については先年も御触を出したとおりであって、なおさら厳守し、今後はなるべくならば遠い沖合の航行は避けて廻船を行うようにすべきである。

右の趣旨について、幕領は代官から、大名領は各大名から海沿いの村・町ともに洩れなく触れ知らせるべきである。その際、触書の趣旨を板札に書き記して高札場に掛けておきなさい。

酉二月

こうして元禄竹島渡海禁令と天保竹島渡海禁令の二つの禁令によって、江戸幕府は、日本人が松島（竹島）および竹島（鬱陵島）と接触する途を公的に断ち切ったのである。元禄期には現実の渡海者たちに対する個別禁令として、天保期には全国法令として一般に周知させる恰好《かっこう》で、幕府は当時の日本の中央政権として竹島（鬱陵島）への日本人渡航禁止を公式に表明したのである。

元禄竹島渡海禁令の文面には松島（竹島）渡海を禁止する文言は明示されないものの、その発給過程で松島（竹島）が日本領でないことの公式確認を行っており、一八世紀初めには官民ともに竹島（鬱陵島）・松島（竹島）双方に対する渡海禁令だと了解されていた。天保竹島渡海禁令にも松島（竹島）渡海を禁止する文言が明示されないが、元禄竹島渡海禁令を踏まえて発令されたものである以上は、ここでも継続して日本人の松島（竹島）渡海が禁止されていることが明らかである。

川上健三による天保竹島渡海禁令の解釈

川上健三は、「八右衛門は、石州浜田浦の回船問屋会津屋清助の子で、禁制を冒して竹島（鬱陵島）に渡り密貿易を行なったというかどで、天保七年（一八三六年）六月大坂町奉行の手によって捕えられ、十二月二十三日には死罪を申し渡されるという事件が起こったが、この事件の判決文中に、浜田藩家老岡田頼母の家来橋本三兵衛が八右衛門に対して／「右最寄松島へ渡海之名目を以て竹島え渡り稼方見極上弥々益筋に有之ならば取計方も有之」／と語った旨が記されている。これは、この事件の当時においても、松島への渡航はなんらの問題のなかったことを示している証拠といえよう」（一九一頁）と述べる。

しかしながら、今津屋八右衛門一件の裁決過程に照らせば、この見解は成り立ちがたい。川上は橋本三兵衛の教唆《きょうさ》をもって「松島への渡航はなんらの問題のなかったことを示している」と解釈する。しかしながら、「松島（竹島）へ行くとの名目を立てて行けば竹島（鬱陵島）渡海をしても大丈夫だ」との示唆を得て渡海を行い捕縛された八右衛門が、果たして教わった言い抜けを試みなかったろうか。八右衛門が処刑された事実は、橋本三兵衛の教唆が通用しなかったことを意味しているのであり、橋本の教唆は、元禄竹島渡海禁令の趣旨や松島（竹島）が竹島（鬱陵島）抜きでは活用できないという実情を無視して述べた、一地方武士の机上の空説にすぎない。こうした空説に依拠した川上説は成り立たない。

ところで、天保竹島一件で捕縛された今津屋八右衛門は、竹島（鬱陵島）渡海時の様子を次のように供述している。

隠岐国福浦から順風に任せて北の方角へ沖合を走り行き、松島（竹島）の間近を通ったので船中から島の様子を確かめたが、思ったとおりの小島で樹木もあまりなく、どうにも収獲の見込めそうもない場所と思われたのでわざわざ上陸せずに、そのまま通過して西北方向へ向かい、七月二一日に竹島（鬱陵島）に到着した。

右の記述にも明らかなように、現実の渡海者が見た松島（竹島）はまるで魅力のない「収獲の見込めそうもない場所」であった。大谷・村川家による松島（竹島）利用のありかたと同様に、松島（竹島）はその島単独で活用するだけの価値に乏しく、竹島（鬱陵島）渡海と併せて初めて松島（竹島）は存在価値をもったのである。

以上の諸点に鑑みた場合、竹島渡海禁令の後にあっても「松島の所在を知り、また、欝陵島ほどではないにしても、それがあわびやあしかの漁場として価値あることを承知していた隠岐島民等が、時に応じてこれ（松島——引用者注）を利用開発していたとすることは決して無理な推測ではないと考える」とする川上の見解（一九二頁）は、本人の主張とは裏腹に全くもって「無理な推測」とするほかない。前近代から近代にかけての松島（竹島）は、鬱陵島の存在なしに単独で活用することなどはありえないからである。

2　明治一〇年太政官指令

「日本海内竹島外一島地籍編纂方伺」の提出

江戸時代日本人は、隠岐島後《どうご》・福浦を起点とする竹島（鬱陵島）渡海事業を展開するなかで松島（竹島）の活用を行った。そうした動線のなかで竹島（鬱陵島）と松島（竹島）は不即不離の関係にあった。

　江戸時代日本図に竹島（鬱陵島）と松島（竹島）が記載される場合、日本列島各地に彩色がなされて、竹島（鬱陵島）・松島（竹島）に彩色が施されない場合がある。あるいは、両島ともに同色が施される場合がある。しかしながら、いずれか一方だけに彩色が施されるとか、両島に施された色が別々に異なっているという事例はひとつもない（本書第五章）。竹島（鬱陵島）・松島（竹島）は、両島の存在が日本人に知られて以後、常に一括して扱われてきた。その上で、鬱陵島〈磯竹島・竹島〉をめぐる日朝間の政治折衝がなされた慶長・元和期、元禄期いずれの時期にあっても、そこで議論の対象となったのはいつも鬱陵島〈磯竹島・竹島〉であり、松島（竹島）が議論の俎上《そじょう》にのぼることはなかった。そうした扱いは、少なくとも明治九～一〇年における「日本海内《にほんかいない》竹島《たけしま》外《ほか》一島《いっとう》地籍《ちせき》編纂《へんさん》方《かた》伺《うかがい》」までそのようであった。

　この「日本海内竹島外一島地籍編纂方伺」なる一件綴りは、一一点の文書（うち一点は地図）から構成される。ほかの一件綴りと同様に、ここでも一括された史料群を通覧することで「一件」の概要が把握できる。それは、そもそも一件の概要を把握するために関連文書がひとつにまとめて綴られた史料だからである。もちろん、それは綴った人間の意図に従ってまとめられたものだから、後世の者からすれば綴られた文書群だけでは十分に理解しがたい場合もあり、綴り以外の周辺史料を参照しつつ「一件」の実像に迫ることは、文献史学としてはごく普通の作業である。

まず、綴られた一一点の史料群を読み解くところから始めよう。詳細は拙著（池内［二〇一二］）に譲り、綴られた史料群を時間軸にしたがって整理しなおすと、以下の史実が明らかとなる。

明治九年（一八七六）一〇月五日、内務省地理寮の官吏（地理寮十二等出仕田尻賢信《たじりけんしん》と地理大属杉山栄蔵《すぎやまえいぞう》）が島根県地籍編製係に対し以下のような指示を出した。島根県に属する隠岐国の某方角に「従来竹島ト相唱候孤島」がある。当時内務省地理寮が進めていた日本全国の地籍編成に関わって、右の孤島を島根県の地籍に含めるか否か（島根県管下の島とするか否か）を判断するためにも、「従来竹島と呼んできた孤島」に関わる「旧記古図等」を島根県として調査した上で内務省に伺いを立てるように、という指示である。

これに対して島根県は同年一〇月一六日、当座の調査結果の概略を「別紙原由之大略」と題する文書にまとめ、図面（本章扉絵）を添えて、「日本海内竹島外一島地籍編纂方伺」とする表題を付した伺書にして県知事名で内務省に提出した。

ところで、内務省地理寮の官吏が島根県側に求めたのは「竹島」に関わる「旧記古図等」

を取り調べて伺いを立てることであったにもかかわらず、島根県の伺書は「竹島外一島」に関わる伺いとなっている。それは、島根県が「竹島」に関わる「旧記古図等」を取り調べてゆくと「竹島」だけでなく「松島」にも言及せざるをえなかったからである。調査結果をまとめた「別紙原由之大略」は「竹島」に関わる「旧記」の大略であったから、「松島」に関わる記述はわずかなものにすぎない。記述は「次に一島あり、松島と呼ぶ、周回三十町ばかり、竹島と同一線路に在り、隠岐を距《へだた》る八拾里ばかり、樹竹稀なり、また魚獣を産す」とするだけである。しかし、この簡略な記述にあってすら、「松島」は「竹島と同一線路に在」る島だ、とする地理上の特徴が指摘されている。この「松島」が今日の竹島であることは明瞭である。

島根県は、一件綴りに含まれる内務卿大久保利通《おおくぼとしみち》あて伺書のなかで、「竹島」は山陰地方西部に連なって付属する島のようにも感じられるから、島根県の地籍に編入するか否かの判断を乞《こ》う、と述べる。とすれば、そのような「竹島」と同一航路上に位置する「松島」についても、島根県は同様な判断を乞わざるをえまい。添付された図面が「磯竹島略図」と題されながら「竹島」「松島」双方を記載し、両島間に「松島より磯竹島に距ること、西北方向へ四十里ばかり」と書き込んでいるのは、「(松島が)竹島と同一線路に在り」とする「別紙原由之大略」の一文を図示するものである。

こうして伺書に添付された一連の文書と地図の双方から、島根県が「竹島」「松島」を一括するものとして伺書を出したことが明らかである以上は、「日本海内竹島外一島地籍編纂方伺」と題された伺書にいう「竹島外一島」が竹島（鬱陵島）・松島（竹島）を指すことには議論の余地がない。

さて、一件綴りにはそれら島根県提出文書および旧幕府から引き継いだ関連文書（対馬藩と朝鮮政府との交渉記録と幕府の判断）が収められる。これらを検討した内務省は、竹島を「本邦関係これ無し」と結論づけた。しかしながら「版図の取捨は重大の事件」だからとして、明治一〇年三月一七日、太政官の最終的な判断を仰ぐこととした。この伺いをうけた太政官では、三月二〇日、「書面、竹島外一島の義、本邦関係これ無き義と相心得べきこと」とする指令案が作成され、同二七日にかけて太政官内で稟議《りんぎ》が行われた。稟議の結果、先の立案どおりの指令が承認され、同二九日、内務省に対して指令案どおりの指示がなされた。その内容が島根県に伝わったのは、同年四月九日のことである。

「外一島」は松島（竹島）

こうして「日本海内竹島外一島地籍編纂方伺」なる綴りを読み解くことによって、明治一〇年当時の明治政府中央が竹島（鬱陵島）・松島（竹島）が日本領ではないと明確に述べていたことがわかる。

とはいうものの、ここに綴られた一一点の文書のうち、省庁間等における伝達文書四通を除けば、島根県が調査作成した書面が二点（地図一点を含む）、内務省で調査作成した書面が五点であり、その五点はすべて竹島（鬱陵島）に関わる元禄竹島一件の関係記録ばかりである。松島（竹島）に関わって中央政府自らが調査した形跡は皆無であり、松島（竹島）への言及は島根県調査書面二点に限られる。この一件綴りの限りで言えば、中央政府は、松島（竹島）の実情をきちんと把握していなかったのではないか、とする疑念を生じるかもしれない。

現在、国立公文書館内閣文庫に「磯竹島覚書」という冊子があり、表紙には編者名が「地理局」と明記され、内務省廻議用箋が使用されている。その内容は元禄竹島一件に関わる史料の抜書であり、元禄竹島渡海禁令の前提となった元禄九年正月二三日付の鳥取藩返答書も採録されている。地理寮が地理局に改組されるのは明治一〇年一月一一日であり、「日本海内竹島外一島地籍編纂方伺」における最終決定たる「竹島外一島之義、本邦関係無之義と可相心得事」が出されるのは同年三月二九日、その直接の前提となる内務省案が太政官に提示されたのが同年三月一七日であった。これら期日を見比べるならば、「磯竹島覚書」なる史料は、右の決定に到る過程で内務省地理寮（地理局）が、松島（竹島）について調査を行ったことを明瞭に示すものである。

つまり、内務省自らが主体的に「竹島外一島」が竹島(鬱陵島)と松島(竹島)のことであると確認し、松島(竹島)は鳥取藩領ではないとする返答書をも踏まえて検討がなされたのである。太政官でも、それら内務省での検討結果を踏まえて、竹島(鬱陵島)と松島(竹島)が日本領でないことが中央政府レベルで主体的に判断された、ということである。

松島(竹島)が一七世紀以来ずっと日本領でありつづけてきたと論じたい人たちにとって、この太政官指令は容認しがたい史料である。そのためこの史料にいう「竹島外一島」の「外一島」は松島(竹島)でない、ということを繰り返し強弁する。それが「強弁」である由縁は拙著(池内〔二〇一二〕)を参照していただくとして、代わりに二点述べておく。

第一に、「竹島外一島」の「外一島」は松島(竹島)でないとする説は、それを採用した場合、明治一〇年太政官指令と明治三八年竹島日本領編入閣議決定(本書第六章)との関係について整合的な説明が全くできなくなるという致命的な欠陥をもっている。

仮に明治一〇年太政官指令は竹島(鬱陵島)については「日本領ではない」と認めたが、「外一島」は松島(竹島)のことではないから「現在の竹島は日本領でない」と指示したものではない、と仮定しよう。この仮定に従う以上は、太政官指令ののち明治政府中央は「現在の竹島は日本領として扱いつづけていた」と理解せざるをえない。そうした事実を明治三八年の閣議決定文から読み取りうるだろうか。
閣議決定は現在の竹島について次のように言う。

島は他国による占領の事実がない無人島であり、明治三六年より中井養三郎《なかいようざぶろう》が島に漁舎を構えてアシカ猟を始めた。そしてこのたび中井がその島の領土編入と中井への貸し下げを出願してきたので、この際、島の所属と島名を確定する必要があり、この島を竹島と名づけ、今後は島根県所属隠岐島司の所管としたいということになった。そこで審査したところ、たしかに明治三六年から中井がその島で漁業に従事してきたことは書類上明らかであり、そうである以上は国際法上占領の事実あるものと認めうるから、この島を本邦の所属とし、島根県所属隠岐島司の所管としても差し支えないと考える。

右に明瞭なごとく、閣議決定は、明治三六年以来における島の活用実績を踏まえて、島の所属と島名の確定を行いたいと明言する。また閣議決定は、明治三六年以来の島の活動実績が書類上証明できる以上は、国際法上の占領の事実を認めうるものだと明言する。閣議決定文は、閣議決定の時点で竹島が二〇年以上も前からすでに日本領であったなどとはひとことも述べておらず、それまで竹島を日本領と認識していなかったと読むのがきわめて整合的な史料解釈である。したがって、明治一〇年の太政官指令は、文字どおり「竹島を日本領外とする」ものと了解するよりほかないのである。

なお、右の閣議決定をもって、遅くとも一七世紀半ばには確立した竹島に対する領有権を、近代国際法の文脈のなかに置き直したのだとする主張がある。しかしながら、右の閣議決定文からそうしたことを読み取るのは無理筋である。閣議決定文は「既に日本領であったものを、近代国際法の文脈のなかに置き直した」ものではなく、「明治三六年以来の活用実績に基づいて、いま日本領に編入する」と論じ、書いてあることが明瞭だからである。

田中阿歌麿の指摘

「竹島外一島」の「外一島」は松島（竹島）ではないとの論が強弁である理由の第二として、明治時代の地理学者田中阿歌麿《たなかあかまろ》の指摘を挙げざるをえない。田中は明治三八年（一九〇五）八月一五日刊行の『地学雑誌』二〇〇号（一七巻八号）に「隠岐国竹島に関する旧記」なる論考を寄せており、その冒頭部分で以下のように記している。

同島は去二月二十二日島根県令を以て、公然我が帝国の範囲に入り、行政上隠岐島司の管轄とせられたり、……今此島の沿革を考ふるに其発見の年代は不明なれども、フランス船リアンクール号の発見より遥《はるか》に以前に於《おい》て本邦人の知る所なり、徳川氏の時代に於て此れを朝鮮に与へたるが如きも、其の以前に於て、此島は或《あるい》は隠岐に或は伯耆、石見に属したり、明治の初年に到り、正院地理課に於いて其の本邦の領有たることを全然非認したるを以て、其の後の出版にかゝる地図は多く其の所在をも示さゞるが如し……

この文章が学術誌に掲載されたのは竹島日本領編入のわずか半年後のことである。田中の文章によって、「日本海内竹島外一島地籍編纂方伺」では竹島が日本領外の扱いであったことが、竹島の日本領編入当時すでにきちんと了解されていたことが明らかとなる。したがって、「日本海内竹島外一島地籍編纂方伺」の解釈と評価について、もはやこれ以上議論する必要を全く感じない。

したがって、以下は蛇足である。「日本海内竹島外一島地籍編纂方伺」は現在アジア歴史資料センターHPで自由に閲覧できるが外務省はこれを無視し、また誤読の余地がまるでない平易な史料であるにもかかわらず、曲解を繰り返す人たちはなくならない。普通誰でも右のようにしか解釈のしようがないものに対し、近時、この普通の解釈を「島根県の伺の添付資料だけに依拠した議論、あるいは「松島」とあると常に竹島／独島を指すという思い込みによる議論である」と非難する見解が現れた（第三期竹島問題研究会編［二〇一四］一九二頁、文責は塚本孝)。

この見解を支える「論証」からはたしかになりふりかまわぬ必死さが伝わってくる。しかしそれは、たとえば史料解釈には手順があることや、史料が自ら明らかにするところを無視して自分の解釈を優先してはならない、といった史料読解の基本を欠如させた「なりふりかまわぬ必死さ」である。

塚本孝による「論証」の過程

塚本は、明治一四年(一八八一)一一月、島根県から内務省・農商務省宛に出された「日本海内松島開墾之儀に付伺」を例示して、明治一〇年における「竹島外一島之義、本邦関係無之義と可相心得事」の「外一島」がこんにちの竹島のことではないことを論証しようとする。それは、明治一四年島根県伺を受けた内務省が先述の明治一〇年太政官指令を添付して外務省に照会した折に、外務省返簡中に「朝鮮国蔚陵島即竹島松島の儀に付」云々なる文言が見えること、その返簡を踏まえて内務省が明治一五年一月、島根県に対して「書面松島の義は最前指令の通本邦関係これ無き義と相心得べし、依って開墾の義は許可すべき筋にこれ無く候こと」と指令したこと、を論拠としている。

塚本は、武藤平学《むとうへいがく》「松島開拓之議」(一八七六年)、戸田敬義《とだたかよし》「竹島渡海之願」(一八七七年)、

齋藤七郎兵衛「松島開島願書並建言」（一八七六年）など民間人が鬱陵島を指して竹島と呼んだり松島と呼んだり名称が一定しないことなどの「史料を総合的に検討すると、一八七七年の太政官指令は、竹島（現在の鬱陵島）および名称上いまひとつの島（松島、これも鬱陵島）について本邦無関係としたものである可能性が高い」と述べる。

さて、右の明治一四年島根県伺書は、実は次のような経過を踏まえて出されたものである（池内［二〇一二］七四頁）。島根県としては、すでに明治九年に「日本海内竹島外一島地籍編纂方伺」を提出し、翌年三月付で出された太政官決定「竹島外一島の義は本邦関係これなし」を四月に受けとった。にもかかわらず、近年になって石見国那賀郡の者たちから松島開墾願書が県宛に提出されてきた。そこで、島根県令としては、明治一〇年の指令後に政府内で再度議論がなされて見解が変わり、「本邦版図内」に変更となったか否かについての確認を求めたのである。

そしてそれに対する明治一五年の返答が、塚本も引用する「書面松島の義は最前指令の通本邦関係これ無き義と相心得べし」である。「竹島外一島」が日本の「版図外」だとする指令自体には変更がない、とする返答である。

おそらく塚本の論証手順は以下のようになっている。明治九年太政官指令を添えて行われた明治一四年伺書に対する内務省の明治一五年返答書は、明治一〇年太政官指令に変更はない、つまり「竹島外一島」は日本の版図外であるとする判断が維持されている。しかも明治一五年返答書では「松島の義」について「最前指令の通本邦関係これ無き義」としているのだから、この松島が「最前指令」における「外一島」に相当するだろう。そして、内務省一五年返答書の前提たる外務省書簡には「蔚陵島即竹島松島」ともあるから、「松島」とは鬱陵島のことである。だから明治一〇年太政官指令における「外一島」とは松島とも称される鬱陵島のことになる、こんにちの竹島のことではない、と。

無理な「論証」

この塚本「論証」の問題点の第一は、重大なすり替えがなされていることである。明治一五年内務省返答書は、「竹島外一島」は日本の版図外だとする明治一〇年太政官指令を維持していることが明らかである。そして、その折に述べられた「書面松島の義は最前指令の通本邦関係これ無き義」に言う「松島」は、明治一〇年太政官指令にいう「竹島外一島」の「竹島」に対応しているのであって、「外一島」に対応しているのではない。

外務省は明治一四年八月にまとめられた「竹島版図所属考」において「竹島、一名は磯竹島、また松島と称す、韓名は鬱陵島」とする事実を指摘し、「今日の松島は即ち元禄十二年称するところの竹島にして、古来我が版図の外たるや知るべし」との確定を行った。明治一〇年太政官指令にも明らかなように、中央政府レベルでは鬱陵島を江戸時代以来の名称たる竹島と呼び習わしていた明治初年の時期、民間では鬱陵島を竹島と呼んだり松島と呼んだり一定しなかった（塚本の例示する武藤、戸田、斎藤の事例が相当する）。そうしたなか明治一四年六月、日本の民間人が松島と呼ぶ鬱陵島での伐木一件を朝鮮政府から強く抗議された日本政府は、鬱陵島と日本側呼称（竹島・松島）との対応関係および帰属の究明を迫られた。その作業結果が同年八月の「竹島版図所属考」である。

塚本の指摘する島根県宛明治一五年内務省返答書にいう「書面松島の義は最前指令の通本邦関係これ無き義と相心得べし」は、まさに明治一四年八月における外務省の作業結果を踏まえたものにほかならない。その作業は従来「竹島」と呼ばれてきた島についての最終確認だから、明治一〇年太政官指令「竹島外一島」にいう「竹島」についての事実確認のことである。

第二に、史料解釈の方法が問題である。もし、明治一〇年太政官指令にいう「竹島外一島」がどの島を指すかを明らかにする同時代史料が何もないのであれば、後年の史料（この場合は明治一四〜一五年の史料）を援用する方法もありうる。しかしながら、明治九〜一〇年の「日本海内竹島外一島地籍編纂方伺」なる一件綴りを検討すれば、島名確定を行うだけの材料はすべて揃《そろ》っていることは先述のとおりである。

後年の史料を援用した誤った推理と、同時代史料に基づく確定と、いずれが学問的に優先されるかは論ずるまでもない。塚本は自らの論証過程を「史料を総合的に検討」したものと述べるが、その実は、史料の恣意的な切り取り、継ぎはぎによって正反対の結論を導いてみせたにすぎない。こうした「論証」は学問的な営為ではない。歴史的事実の生起した前後関係を無視して自分勝手な想像を膨らませることは「総合的な検討」などではない。不要・不当な混乱を議論の現場に持ち込んでいるだけのことである。

第五章　古地図に見る竹島
——日本側主張の検証②

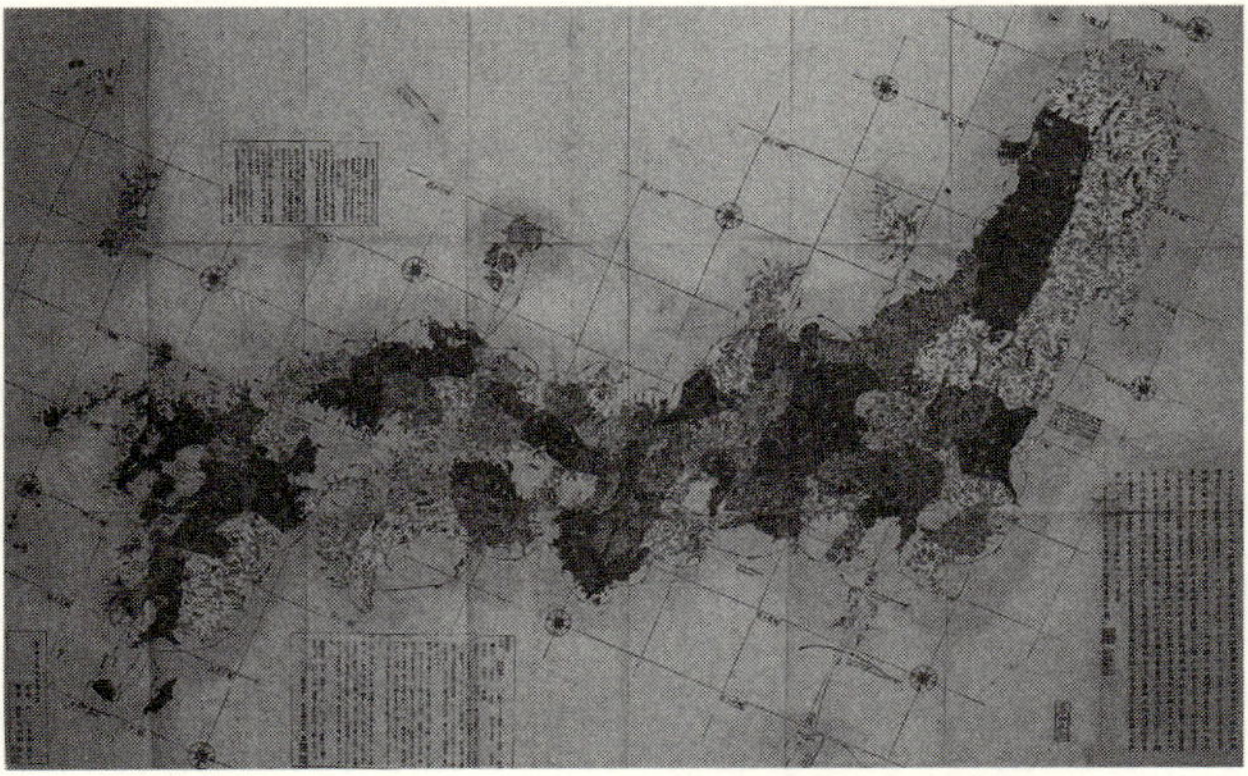

「改正日本輿地路程全図」（寛政３年〔1791〕）
所蔵：明治大学刑事博物館蘆田文庫

1　江戸時代の日本図

古地図と地誌

日本パンフは、竹島が日本領たる主張を一〇点に整理するが、その真っ先に掲げられたのが「日本は古くから竹島の存在を認識していました」とする項目である。そこでは、現在の竹島が江戸時代には「松島」と呼ばれ、同様に鬱陵島が「竹島」「磯竹島」と呼ばれていたことを指摘した上で、「我が国が「竹島」と「松島」の存在を古くから承知していたことは各種の地図や文献からも確認できます」と述べる（五頁）。

その代表として長久保赤水「改正日本《にほん》輿《よ》地《ち》路《ろ》程《てい》全《ぜん》図《ず》」（一七七九年初版）の名を掲げ、そのほかにも「鬱陵島と竹島を朝鮮半島と隠岐諸島との間に的確に記載している地図は多数存在します」と述べるとともに、「改正日本輿地路程全図」一八四六年版と鳥取藩政資料「竹嶋之図」（一七二四年頃）の二点を挿図に掲げる（五頁）。

こうした日本側見解に対し、韓国パンフは一問一答の三番目のなかで「長久保赤水の「改正日本輿地路程全図」（一七七九年初版）は、個人が作成した私撰地図に過ぎません」と述べるとともに「幕府の命令で伊能忠敬《いのうただたか》が作成した江戸時代の代表的な実測官撰地図「大日本沿海輿地全図《だいにほんえんかいよちぜんず》」（一八二一年）をはじめ、日本の官撰古地図には独島が表示されておりません」とする。また、長久保赤水「改正日本輿地路程全図」の竹島・松島部分に『隠州視聴合記』に由来する文言「高麗を見ること、なお雲州（より）隠州を望む（がごとし）」（韓国パンフでは、「高麗を眺めるのがまるで雲州（現在の島根県東部）から隠州（隠岐島）を眺めるようだ」〔一五頁〕）が添え書きされることに注意を喚起し、この図にあっては「日本の西北側の境界の限界は隠岐島」であることを示すと述べる。また、「一七七九年の初版を含むこの地図の正式版本では、鬱陵島と独島が朝鮮本土とともに彩色がなされておらず、……日本の領土とは違った扱い方をしている」と指摘する。

一方、韓国の地誌類にたびたび現れる「于山島」が竹島だとする主張については第一章で述べた。そうした地誌類における記述と朝鮮半島を描いた古地図に于山島が記入されることとを併せて、竹島が古くより韓国領であったとする主張は韓国パンフで小さからぬ位置を占める。これに対して日本パンフは「ポイント2　韓国が古くから竹島を認識していたという主張には根拠はありません」の項をたてて反論する。この項では『新増東国輿地勝覧』の「八道総図」を挿図に掲げて、「地図上の位置や大きさがおかしい「于山島」は存在しない島」（七頁）と述べるが、一九〜二一頁のQ&Aで主張はさらに深められ、「青邱図」（一八三四年）や「大韓全図」（一八九九年）を挿図に掲げて、「于山」というのは鬱陵島東方約二キロメートルに近接する竹嶼《ちくしょ》のことであり、竹島ではない、と述べる。

江戸時代の日本図

右に見たように、日本・韓国いずれのパンフも長久保赤水「改正日本輿地路程全図」（一七七九年初版）に言及するが、その評価は両者で異なる。また、同じ「改正日本輿地路程全図」といっても日本パンフは一八四六年版本を、韓国パンフは一七九一年再版本をそれぞれ挿図に掲げる。ここで一八四六年版本は、日本列島の旧国別に彩色がなされるとともに、竹島（鬱陵島）・松島（竹島）にも隠岐国と同色が配される。一方、一七九一年再版本は、日本列島の旧国別に彩色がなされるとともに、竹島（鬱陵島）・松島（竹島）には彩色が施されず、白ヌキのままである。

さて、「日本輿地路程全図」なり「日本分野図」なりといった「日本図」、旧国別に作製された「隠岐国図」「河内《かわち》国図」といった地域図には、その「日本」「隠岐」「河内」といった表題に含まれる地域が描かれていることは間違いない。しかしながら、その図面に描かれている範囲すべてが表題の地域を指すとは限らない。

たとえば「改正日本輿地路程全図」はどの版も左上隅に「朝鮮半島東南端」を書き込むが、これは「日本」の領域に含まれない。日本各地を旧国別に文章と地図で収める『新人国記《しんじんこくき》』(一七〇一年)のうち「河内国図」は大和国《やまと》、紀伊国、和泉国《いずみ》、摂津国《せっつ》をも併せて描くが、大和国以下四ヶ国が「河内国」の一部でないことは明らかである。

つまり、地域図が隣接する領域を描き込むのは当然のことであり、「改正日本輿地路程全図」に竹島(鬱陵島)・松島(竹島)が描き込まれていることそれ自体をいくら強調したところで、両島が日本の領域として認識されていたかどうかの証明にはならない。[*] ましてや日本領であることの証明にはならない。江戸時代の日本図をもって当時の竹島(鬱陵島)・松島(竹島)がどのように位置づけられていたかを探ろうとするためには、地域図には隣接地域が併せ描かれるという常識的な理解を念頭に置きつつ考える必要があるだろう。ある一枚の古地図だけで即断するのはきわめて危険だということである。

*蛇足ながら、『新人国記』「隠岐国図」の上方に「竹シマ」が記載されることをもって、一

八世紀初頭の日本では鬱陵島を隠岐国の一部と見なしていたとする主張がある。この主張は、『新人国記』「河内国図」に大和国、摂津国、紀伊国、和泉国が描き込まれていることをもって、これら四ヶ国は河内国の一部と認識されていたと主張するようなものであり、紛れもない謬論《びゅうろん》である。

そこで、江戸時代に作製された日本図の類を、時期的に少し前後する幅をとりつつ四〇点余り集め、編年順に並べて竹島（鬱陵島）・松島（竹島）の記載や彩色の有無などを検討してみよう（表2）。

すると、まず第一に、「日本図・中国図」（整理番号15、一七二七年）までは、「日本図」（03、桃山時代）を例外として竹島（鬱陵島）・松島（竹島）の記載がない。

第二に、「日本分野図」（16、一七五四年）に初めて竹島（鬱陵島）のみが登場するが、彩色がなされない。また「日本輿地路程全図」（17、一七七五年）から「重鐫《じゅうせん》日本輿地全図」（20、一七八三年）に到る四点には竹島（鬱陵島）・松島（竹島）両島が記載され、両島ともに彩色がなされない。

第三に、「三国通覧輿地路程全図」（21、一七八五年）から「新刊輿地全図」（42、一八六一年）に到る二二点には概ね両島が描かれ、彩色が施されるものが現れる。ただし、彩色のあ

	地図名	成立時期	竹島	松島	彩　色
01	南贍部洲大日本正統図	室町時代後期			
02	日本地図屛風	桃山時代			
03	日本図（福井浄得寺）	桃山時代	○		
04	寛永巡検使国絵図（隠岐）	寛永10（1633）			
05	正保国絵図（隠岐部分）	1650頃			
06	（隠岐国絵図）	年未詳（17世紀か）			
07	日本国之図	明暦2（1656）			
08	寛文日本図	寛文年間（1661～73）			
09	本朝図鑑綱目	貞享4（1687）			
10	大日本総図	元禄年間（1688～1704）			
11	日本海山潮陸図	元禄4（1691）			
12	元禄日本総図	元禄15（1702）			
13	徳川幕府撰日本図	元禄15（1702）			
14	改正大日本全図	元禄年間か			
15	日本図・中国図	享保12（1727）			
16	日本分野図	宝暦4（1754）	○		彩色なし
17	日本輿地路程全図	安永4（1775）	○	○	
18	改正日本輿地路程全図	安永8（1779）	○	○	彩色なし
19	新刻日本輿地路程全図	安永8（1779）	○	○	図全体に彩色なし
20	重鐫日本輿地全図	天明3（1783）	○	○	彩色なしか？
21	三国通覧輿地路程全図	天明5（1785）	○		彩色あり．朝鮮半島と同色
22	改正大日本輿地路程全図	寛政3（1791）	○	○	彩色なし
23	改正大日本輿地路程全図	寛政3（1791）	○	○	彩色なし
24	新刻大日本輿地路程全図	寛政3（1791）	○	○	彩色なし
25	日本並北方図	寛政8（1796）	○	○	彩色あり．西国と同色
26	今所考定分界之図	文化元（1804）	○	○	

27	大日本細見指掌全図	文化５（1808）	○	○	彩色あり
28	大日本之図	文化６（1809）筆写	○		彩色あり．ただし隣接地と区別する仕方
29	日本辺界略図	文化６（1809）			
30	浅野弥兵衛版改正日本図	文化８（1811）	○	○	彩色あり
31	大日本改正全図	文化８（1811）	○	○	
32	大日本接攘三国之全図	文化13（1816）			
33	文政国絵図（隠岐）	文政９（1826）			
34	清朝一統之図	天保６（1835）以後	○	○	彩色あり．朝鮮半島と同色
35	新刻大日本輿地路程全図	天保11（1840）	○	○	彩色なし
36	改正大日本輿地路程全図	弘化３（1846）	○	○	彩色あり．隠岐と同色
37	増訂大日本国郡輿地路程全図	嘉永５（1852）	○	○	彩色あり．朝鮮半島および日本列島周囲の島嶼と同色
38	大日本海岸全図	嘉永６（1853）	○	○	彩色なしか？
39	大日本海岸全図	嘉永７（1854）	○	○	彩色なし
40	大日本海岸全図	嘉永７（1854）	○	○	彩色あり．隠岐と同色
41	大日本沿海要疆全図	嘉永７（1854）	○	○	彩色なし
42	新刊輿地全図	文久元（1861）	○		
43	大日本国沿海略図	慶応３（1867）	○	○	彩色なし．リエンコヲルトロックあり．松島は鬱陵島
44	銅版大日本精図	慶応３（1867）	○	○	彩色不明
45	大日本四神全図	明治３（1870）	○	○	リエンコヲルトロックあり．松島は鬱陵島
46	増訂大日本国郡輿地路程全図	明治４（1871）	○	○	彩色あり．朝鮮半島および日本列島周囲の島嶼と同色

表２　日本図・アジア図に見える竹島・松島
出所：池内［2012］表６－１，120～121頁を訂正・加工した．

り方は一様ではない。竹島（鬱陵島）が朝鮮半島と同じ色に塗られる場合（21、34）もあれば、朝鮮半島および日本列島周囲の島嶼部に施された色と同色（37）、日本の西国と同色（25）、隠岐と同色（36、40）といったようにである。また、依然として無彩色の場合も少なくない（22、23、24、35、39）。

以上を踏まえて、江戸時代日本図における竹島（鬱陵島）・松島（竹島）の記載や彩色に関わる年代的な特徴を概括的に述べると、「A記載なし→B記載あり無彩色→C記載あり彩色」と変化するといえる。AからBへの変化は概ね一八世紀前半に、BからCへの変化は一八世紀末に置くことができる。

無彩色の意味

長久保赤水「日本輿地路程全図」では「日本本土とその附属地にはすべて彩色を施しているが、竹島と松島は、朝鮮半島とともに彩色していない」（堀［一九八七］）から官撰地図では両島を日本領としては扱わない、とする堀和生の解釈がある。韓国パンフは同図を私撰図とする点で堀とは見解を異にするが、無彩色の意味するところについては見解は変わらない。

これに対し舩杉力修《ふなすぎりきのぶ》は「この地図での色分けが各藩ではなく、各国ごとであることは当然のこととして、彩色がないのは、竹島、松島、朝鮮半島のほかに、初版では、筑前の御号島《おんごうしま》

(現在の沖ノ島)、薩摩の口永良部島《くちのえらぶ》、蝦夷地《えぞち》(松前藩)、2版では八丈島、御号島、口永良部島、蝦夷地となっています。したがって、彩色がないことをもって日本領外、さらに朝鮮領であることを証明したことにはならないことが分かります」と述べて、無彩色がすなわち日本領外を意味するとの説を退ける。

ところで、長久保赤水が版元に宛てた書簡中で、「六通りもあれば国郡の色分けは可能で、海は遠洋ほど青く(彩色すべし)」と述べている。ここから赤水図における彩色の判断は赤水自身が指示していたことがわかり、「国郡の色分けは可能」とする以上は、彩色対象は「日本の国郡」であったとも見える。翻っていえば、無彩色の領域は「日本の国郡ではない」部分であると言えなくもない。しかし、竹島(鬱陵島)・松島(竹島)の彩色の有無ばかりに目を奪われてきた既存の主張に対し、舩杉による右の指摘は、江戸時代日本図の解釈におけるたいへん重要な示唆を含んでいる。以下、その点を検討してみたい。

韓国パンフが挿図に掲げる「改正日本輿地路程全図」は、明治大学蘆田文庫HPの画像9-70-1と見てよいだろう。この図では、舩杉の指摘するように、朝鮮半島、竹島、松島、御号島(沖ノ島)、永良部(口永良部島)、八丈島、蝦夷地が無彩色となっている。

また、同じ安永八年の刊記をもつ「新刻日本輿地路程全図」(蘆田文庫画像9-72-3)では、それらに加えて鬼界島《きかい》(喜界島)が無彩色で記入される。これら無彩色の箇所を同図上で確認すれば、すべて境界領域に相当することが一目瞭然である（図8）。それは、永良部の脇に「是ヨリ南百二十里、琉球国アリ」、八丈島の脇に「是ヨリ南百里ニアタリ、無人島アリ、小笠原」とする付記があることからも確実である。これらの記事は、異国たる琉球国へは「是ヨリ」到るのであり、当時まだ日本領としての確定をみていなかった「小笠原」*は「是ヨリ南百里」に所在するとの説明だからである。したがって、竹島（鬱陵島）の部分に「見高麗猶雲州望隠州」なる語句が付記される理由もはっきりとする。この文言は『隠州視聴合記』のなかで隠岐国が日本の西北境界であることを説明するのに使用されたものであり、明らかに境界領域たることを明示する補助説明だからである。

朝鮮半島、蝦夷地が江戸時代当時に異国（異域）であったこと、鬼界島（喜界島）が境界領域を代表する地であることの説明は不要だろう。少し補足説明が必要なのは御号島（沖ノ島）である。島原の乱を経てポルトガル船の来航禁止措置がとられ、九州西北方における海防強化が求められた寛永一六年（一六三九）、福岡藩により沖ノ島在番（沖嶋詰方、防人）がこの島に置かれた。のちに在番を経験した青柳種信《あおやぎたねのぶ》は一八世紀末に、在番のことを「新羅への備えである」と表現している。現在の沖ノ島は人の上陸が許されない聖地である。この島もまた紛れもない境界領域である。

＊「小笠原」諸島の名が発見者小笠原貞頼《さだより》の姓に由来するとの伝承が一八世紀前半からあるが、この人物の実在は証明できない。それより先、延宝三年（一六七五）に伊豆代官らによって八丈島南方の群島調査と復命がなされ、このときに到達した無人島群がおそらく小笠原諸島と見なされるものの、その後開拓もされずに「日本政府としても……その領有を明確にするところがなく」（大熊［一九六六］三二頁）放置された。その後、一八世紀末から一九世紀初頭にかけて日本人による探検が企図されるも実現を見なかった一方、一八二七年イギリスの探検隊がボニン・アイランドと名づけてイギリス領とし、領有宣言を銅板に刻んで島に残した。そして英米両国人の小笠原諸島への植民が始まり、島をめぐる英米双方の対立問題も生じた。これに対する江戸幕府の小笠原群島開拓計画は幕末に始められ、伊豆諸島住民の移住計画が進められるが、やがて植民政策はいったん放棄される。国際社会へ向けて日本領として宣言し認知を受けるのは明治九年（一八七六）のことである。

つまり、竹島・松島以外にも無彩色の領域があることを指摘して、「彩色がないことをもって日本領外、さらに朝鮮領であることを証明したことにはならないことが分かります」と舩杉が述べるのは実は説明不足であり、不正確である。無彩色なのは竹島（鬱陵島）・松島（竹島）だけではなかったが、無彩色の部分はすべて境界領域として共通する属性をもっているからである。ただし、境界領域それ自体は、「日本であり、かつ異国（異域）である」

蝦夷地
八丈島

図８　「新刻日本輿地路程全図」(安永８年〔1779〕)
所蔵：明治大学刑事博物館蘆田文庫．境界領域を加えた．

ないしは「日本でもなく異国（異域）でもない」という両義性を帯びているから、たしかにそれをもってただちに日本領外だとする証明にはならない。

　さて、ここから先は他の文献史料を援用するほかない。地図単独での解釈はここまでが限界である。既述のように、無彩色とされた朝鮮半島、竹島（鬱陵島）、松島（竹島）、御号島（沖ノ島）、永良部（口永良部島）、八丈島、鬼界島（喜界島）、蝦夷地は、いずれも境界領域である。これらのうち朝鮮半島と蝦夷地は異国（異域）である。一方、御号島（沖ノ島）、永良部（口永良部島）、八丈島、鬼界島（喜界島）の島々には村高が付せられて旧国単位で郷帳に記載されたから、これらは紛れもない日本領である。境界領域のうち「日本であり、かつ異国（異域）である」ような場所である。

　これらに対し、竹島（鬱陵島）、松島（竹島）には高の付けられることがなく、郷帳や領知朱印状に載せられることはなかった。その意味で、これら二つの島は日本領ではない。

　ただし厳密に腑分《ふわ》けすれば、竹島（鬱陵島）は元禄竹島一件をもって幕府としても朝鮮領と認めたから異国（異域）である。松島（竹島）だけが「日本でもなく異国（異域）でもない」場所である。

彩色の意味

江戸時代日本図における竹島（鬱陵島）・松島（竹島）の記載や彩色に関わる年代的な特徴は「A記載なし→B記載あり無彩色→C記載あり彩色」とする変化だと先に述べた。こうした古地図の描かれ方の変遷の意味を探るために、隠岐国に関わる地誌的記述のなかに竹島（鬱陵島）・松島（竹島）が如何に現れるか年代順に検討してみたい。

まず日本全国を国別に記述した地誌的記述として、『本朝地理志略《ほんちょうちりしりゃく》』（寛永二〇年〔一六四三〕）「隠岐国」項には、「隠岐の海上に竹島（鬱陵島）あり、竹多く、鰒《あわび》多し、その味は甚だ美味、海獣を葦鹿《あしか》という」なる記述がある。『新人国記』（元禄一四年〔一七〇一〕）「隠岐国」項の本文中には竹島（鬱陵島）・松島（竹島）に関する記述が存在しないものの、「隠岐国」挿図の上辺に「竹シマ（鬱陵島）」が記載される。これらの記述からは、竹島（鬱陵島）が「隠岐の海上に」存在し、隠岐と隣接して存在することを示すことがわかるまでである。

次いで、実際に隠岐諸島を廻って書かれた地誌類を検討すると以下のとおりである。『隠州視聴合記』（寛文七年〔一六六七〕）では「日本之乾地、以此州為限也」（日本の西北は、この州（隠岐国）をもって限りとするのである）として隠岐国が日本の西北境界だと明示する*（池内〔二〇一二〕）から、竹島（鬱陵島）・松島（竹島）両島は日本の版図外である。『おきのすさひ』（宝永二年〔一七〇五〕）は両島が版図か否かについて触れないものの、「此二島、今ハ人なきの地なり」と述べる。『隠岐国風土記《ふどき》』（元文元年〔一七三六〕）は『隠州視聴合記』を踏まえて「日本之乾地、以此州為限也」とするから、ここでもまた両島を版図外とする。その上で、寛文年中（一六六〇年代）までは隠岐から竹島（鬱陵島）へ出漁していたこと、近年ではそうしたことも絶え、代わりに朝鮮人が来島することを記す。『隠岐古記集』（文政六年〔一八二三〕）は、「歴代史を考るに、日本の乾地此国を以て限りとする也」と述べるからやはり両島を版図外とし、「今は朝鮮人来住す」と述べる。

＊寛文七年（一六六七）出雲松江藩士斉藤豊宣が著した地誌『隠州視聴合記』の冒頭「国代記」の一節「然則日本之乾地、以此州為限也」の解釈について、かつて論争があった。「此州」は鬱陵島を指すとする立場からは「日本の西北境界が鬱陵島となるから、竹島は一六六七年当時には日本領と見なされていた」と解釈され、「此州」は隠岐国を指すとする立場からは「日本の西北境界が隠岐国となるから、竹島は日本領とは見なされていなかった（朝鮮領とみなされていた）」と解釈されたりした。詳細な論証は池内［二〇一二］に譲るが、①文脈、②用語法、③『隠州視聴合記』巻二には「隠州戌亥之極地也（隠岐国は日本の西北の果てである）」と明記されている事実、④同時代人の読み取りではすべて「此州」を「隠岐国」と解釈していること、の諸点からすると「此州」は「隠岐国」と読むほかはなく、異論を差し挟む余地はない。

これらからすれば、一七世紀半ばから一九世紀前半に到るまで、竹島〔鬱陵島〕に対する地理的認知がなされる一方で、竹島〔鬱陵島〕・松島〔竹島〕両島は日本の版図外であるとする領域認識もあり、また先述のごとく少なくとも竹島〔鬱陵島〕は日本領ではないことを一七世紀末の幕府が公式に確認している。日本図上に竹島〔鬱陵島〕・松島〔竹島〕が描かれなかったり、描かれても彩色されないというのは、こうした認識の広まりを背景にしているのである。

一方で、一八世紀以後になると、『草廬雑談《そうろぞうだん》』〔元文三年〔一七三八〕〕に「憲廟の御時〔徳川綱吉のとき――引用者注〕……竹嶋を朝鮮へ与へ給ふとかや」とする記述が現れたり、『中陵漫録《ちゅうりょうまんろく》』〔文政九年〔一八二六〕〕に「この島〔竹島〔鬱陵島〕――引用者注〕果して日本の属島なれとも、遂に朝鮮に取られたり」とする記述が現れる。また『隠岐の家つと』〔文政一〇年〔一八二七〕以後か〕でも「いつれのをほんときニかありなん、竹嶋をえまほしくかの地の◯《ママ》よりこひけれハ、望むまにまにたび玉ひて、今ハ朝鮮のものとなりけるとそ」とする記述が得られる。これらはいずれも、竹島〔鬱陵島〕はもともと日本領であったが、朝鮮が望むので与えた〔取られた〕から今では朝鮮領となった、とする。

すなわち一八世紀前半になって、竹島〔鬱陵島〕はもともと日本領だったが今は朝鮮領となったとする地誌類の記述が現れるようになったということである。天保竹島渡海禁令は、竹島（鬱陵島）を「元禄の度、朝鮮国へ御渡し」になった島だと定義して全国法令で周知させられたから、一九世紀にはこうした見解が流布するようになった。一九世紀の日本図で、竹島（鬱陵島）・松島（竹島）が日本本土と同色に彩られる場合があるのは、こうした認識を背景としているのである。元禄竹島一件裁定時の老中阿部正武の発言を参照すれば（本書第三章）、右の認識が史実を無視した誤謬であることは明らかだから、両島について、本土と同色で塗られた日本図の存在をもってただちに日本領であったことの証明たりえない。

また、江戸時代に描かれた四点の隠岐国図（表2整理番号04、05、06、33）に竹島（鬱陵島）・松島（竹島）が描かれることはないが、いずれにも島後・福浦の部分に「この湊は船泊まりするのに良い。竹島（鬱陵島）への渡海は、この湊で天気を見計らって行う」とする記述がある。これらは一七世紀鳥取藩領米子町人らの竹島（鬱陵島）渡海の事実を踏まえた記載であり、いわば地元の経験的知識が反映し引き継がれたものである。それは一七世紀末に竹島（鬱陵島）渡海が行われなくなってのちも、同じ文言がそのまま引き写されたにすぎない。

一八世紀以後に竹島（鬱陵島）・松島（竹島）両島渡海の実態が皆無であった史実は、文献史料に基づいてすでに明らかにしたところである（第三章）。隠岐国図（表2整理番号33）の記述をもって文政年間に竹島（鬱陵島）への渡海実態があったと述べるとすれば、それは倒錯した史料解釈であり、きわめて初歩的な誤りである。

朝鮮へ御渡しになった島

ところで、蝦夷地上知《あげち》をめぐる幕府内での議論に際し、寛政一二年（一八〇〇）一一月付で幕府蝦夷地御用掛が作成した文書のなかに「北海竹島を捨てられ候」とする文言があり、これは竹島（鬱陵島）を元禄期に「お捨てになった」とする意味である。元禄期に竹島（鬱陵島）をお捨てになったことは、「今となっては、その判断でよかったのかとする意見もある」という。これは、元禄竹島一件における老中阿部の判断に対する批判が幕府中枢にまで聞こえてきているということを意味する。

また、天保竹島渡海禁令は竹島（鬱陵島）を「元禄の度、朝鮮国へ御渡し」になった島だと定義するが、これは元禄竹島一件の交渉経過には現れないし、歴史的事実ではない。また、天保竹島一件の審理に際し、浜田藩と対馬藩の家老の処分を決定した判決文のなかに「先年、彼島（鬱陵島）を朝鮮国へ御渡しに相成る」とする文言が見えるが、幕府の問い合わせに対する対馬藩側返答書のなかにはそうした文言はないから、おそらくこれは対馬藩に由来する認識ではない。

こうした事例からすると、幕府の側に、竹島（鬱陵島）は「朝鮮へ御渡しになった島」だとする認識が伝来していたと言える。しかし、元禄期の幕閣にはそうした認識は全くない。

幕閣がそうした認識を得た場としてありうるのは、元禄竹島渡海禁令後に竹島渡海復活歎願を行った大谷家との接触だけである。大谷家の由緒書では元禄竹島渡海禁令を「(朝鮮)国王より竹島は昔は確かに日本の支配であったと証文に記した上で、朝鮮国へ御預けになったので、私どもの竹島渡海が禁止された」と説明するからである。

ところで、文久元年(一八六一)一〇月、日本図を実測図として幕府自らが刊行することと関わって、その図に含まれる「日本」の範囲をどのように画定すべきかを議論した外国奉行たちは、竹島(鬱陵島)の扱いについて次のように提言する。竹島(鬱陵島)は「元禄年間に朝鮮国へ御付与となったそうだ」が、いま計画されている日本図には竹島(鬱陵島)を記入しておき、その開拓を盛んにすべきである、と。

しかしながら、結局のところ完成された幕府製の日本図「官板《かんぱん》実測日本地図」には、竹島(鬱陵島)も松島(竹島)も記入されなかった。この図は、将軍慶喜《よしのぶ》の代理として派遣された徳川昭武《あきたけ》によって一八六七年のパリ万博に持参され出品された。日本の領域はそのようなものとして、世界へ向けて発信されたのである。竹島(鬱陵島)・松島(竹島)の記載の有無、彩色の有無だけに頼って江戸時代日本図の解読を試み、日本領か否かの推論を重ねることは、この図の前にあっては意味を著しく減じることになる。

江戸時代日本図上の竹島(鬱陵島)・松島(竹島)の記載の有無、彩色の有無だけに着目したときに確実に言えるのは、次の一点だけである。両島ともに記載される場合、ともに同色が施されるか無彩色となるかであって、片方にのみ彩色が施されたり、両島に異なる色が施される事例はひとつもない。したがって、両島は常に一括して扱われる存在であった。ただし、そのことひとつをもって松島（竹島）が竹島（鬱陵島）の属島であったと述べることには慎重でなければならない。しかしながら、こうした彩色上の特徴は、少なくとも鳥取藩領民が竹島（鬱陵島）渡海の途次に松島（竹島）を活用したという歴史的事実を背景としている。

2　近代日本の海図と水路誌

近代の日本およびその周辺図

慶応三年（一八六七）「大日本国沿海略図」（表2整理番号43）には、それまでの図に見えなかった「リエンコヲルトロック」が隠岐諸島西北海上に現れ、現在の鬱陵島の位置にある島に「松島」なる島名が宛てられる。そしてそのさらに西北海上、朝鮮半島寄りにもうひとつ島が描かれて「竹島」なる島名が与えられる。

こののちの日本図では、リエンコヲルトロック、松島、竹島が順に並んで描き込まれたり

（表2整理番号45）、リエンコヲルトロックを欠いたまま、鬱陵島の位置に松島、さらに西北の朝鮮半島寄りに竹島が描かれるものが現れる。やがて朝鮮半島寄りの竹島が消滅して、鬱陵島の位置に松島のみが残される。

日本図上のリエンコヲルトロックに関していえば、ほかに「メネライ瀬・ヲリウッ瀬」「リャンコールト石」と表記する日本図も現れる。これらは欧米艦船による発見・測量によって記載されたものである。一八四九年にフランス船がこんにちの竹島を発見して「リアンクール」と名づけ、五四年のロシア船が「メネライ・ヲリウッ岩」、五五年のイギリス船が「ホーネット岩」と名づけたことに由来する。

こうした近代の測量技術に裏づけられて作製された日本およびその周辺図として注目しておきたいのが、日本海軍水路部によって作製された「海図」と「水路誌」である。「海図」は表題に掲げられた海域を図示し、「水路誌」はそれら海域を航行するに際して必要な留意事項を記した説明書だから、両者は相互補完関係にある。そして、これまで、①「海図」「水路誌」はいずれも領土・領海を示すものではない、②「水路誌」からは領土・領海意識を読み取ることができる、の二つの見解対立があった。これまでのところ、「海図」から領土・領海意識を読み取りうるとする主張は見あたらない。これらの見解対立について検討してみよう。

「海図」と領海

「朝鮮全岸」（英文表題は***KOREA***）なる表題をもつ海図で刊行年次の異なるものが三点ある。刊行順にⓐⓑⓒとしておこう。

ⓐは明治一五年（一八八二）の刊行で、収録された東西の範囲は、東経一二四度〜一三〇度。ここに鬱陵島は描かれるが、リアンクール岩礁は描かれない。

ⓑは明治二九年（一八九六）の刊行で、収録された東西の範囲は、東経一二四度〜一三二度二五分。鬱陵島とリアンクール岩礁がともに描かれる。

ⓒは明治三九年（一九〇六）四月二日の刊行で、収録された東西の範囲は、東経一二二度〜一三一度〇五分。ここに鬱陵島は描かれるが、リアンクール岩礁は描かれない。

竹島の日本領編入時点（一九〇五年一月）との関わりでいうと、ⓐⓑは編入前で、ⓒは編入後まもない時期にあたる。また、収録範囲に着目すると、ⓑはⓐと比べると西側は同一だが東側に収録範囲が拡大しており、ⓒはⓑに比して全体に西寄りに範囲を変更していることがわかる。そして、ⓐ〜ⓒはいずれも「朝鮮全岸」なる表題を掲げる以上、その画面全体をもって「朝鮮全岸」と合致するものではなく、「朝鮮全岸」および隣接する地域・海域が描かれている図である。

さて、ⓒが刊行されたのとほぼ同時期に「日本中部及朝鮮」（英文表題は *MAIN PART OF JAPAN AND KOREA*）なる表題をもつ海図が刊行されている（明治三九年三月一二日）。その東西の収録範囲は東経一二七度一五分〜一三六度一五分であり、鬱陵島と竹島がともに描かれる。竹島日本領編入後なのでリアンクール岩礁ではなく竹島と表記される。この図をⓓとしておこう。先ほどの「朝鮮全岸」と同様に、「日本中部及朝鮮」なる表題をもつ以上は、その画面は「日本中部及朝鮮」および隣接する地域・海域を示すものである。

ここで、ⓒとⓓとは竹島編入後間もない時期の相互に隣接する領域を描いた海図であり、ⓒの東方とⓓの西方が重複して描かれる。つまりⓒⓓ両図が隣接して重複する領域に関しては、ⓒには鬱陵島のみが描かれて、ⓓには（朝鮮半島と）鬱陵島と竹島が描かれる。これらⓐⓑⓒおよびⓒⓓそれぞれの比較検討に従えば、これら海図が描かれるに際して領土・領海が意識されているようにも思われる。

ところで、明治三六年（一九〇三）刊行「日本海軍海図式」総記部分には海図作成にあたっての留意点が一四ヶ条にわたって列挙されるが、そのなかに以下の条文がある。

○地名ハ日清韓三国ノ領土領海ニ限リ漢字ト羅馬《ローマ》字ヲ用ヒ、場所ニヨリ之ニ英称ヲ附ス、而シテ其他ノ地ハ概ネ英字名称ヲ仮用スルヲ例トス、水路部出版図誌地名記法参照（傍

線、読点は引用者）

「海図式」は全体に海図作成にあたっての約束事を記したものである。日本では明治一五年（一八八二）に最初の独自な「海図式」が作成されたが海軍部内限りで使用され、公開されなかった。また現存しない。明治二六年（一八九三）に最初の改訂が施され、これが現存する最古の「海図式」である。第二回めの改訂が明治三六年（一九〇三）である。

ところで、明治二六年の「海図式」総記における海図中の地名表記法は、「地名ハ和字ヲ用ユルヲ例トス、然レトモ時トシテ羅馬字ヲ附記シ又諸記事ハ和英両文ヲ対掲スルコトアリ」というものである。ここには「領土領海ニ限リ」という文言がない。また、大正五年（一九一六）「水路部刊行海軍海図式」では、地名の表記について「地名ハ日本及支那ノ領土領海ニ限リ漢字ト羅馬字ヲ用イ……略其ノ他ノ地ハ概ネ英字名称ヲ用イルヲ例トス」とする。

ここで留意すべきは、明治三六年版で「日清韓三国ノ領土領海ニ限リ」とされる部分が大正五年版では「日本及支那ノ領土領海ニ限リ」と変化している点である。この変化は、明治三六年版、大正五年版のあいだに韓国併合があったことに由来する。とすれば、「領土領海」なる文言が明治二六年版になく明治三六年版で現れるのは、この両版のあいだに日清戦争とその後の台湾領有があり、この間に領土領海を強く意識しはじめたことがあるとわかる。

したがって、少なくとも一九世紀末〜二〇世紀初頭における「海図」作成に際しては、領土・領海が意識されていたことが明瞭である。とすると、先ほどのⓑからⓒへの変化には注意が必要となる。一八九六年にはリアンコールト岩を「朝鮮全岸」に含めていた海軍水路部は、竹島日本編入後の一九〇六年にはそれを「朝鮮全岸」から除外しているからである。海図の作成目的は領土・領海を確定するところにはなかったが、海図には作成者の領土・領海意識が反映されていると見てよいのである。

水路誌の変遷

次に水路誌の検討に移ろう。昭和八年（一九三三）一月刊行の水路部『朝鮮沿岸水路誌』第一巻冒頭に、朝鮮沿岸に関わる水路誌の沿革が整理されている（表3）。この整理と宋炳《ソンフィ》栄《ヨン》による整理とを参照しつつ水路誌原本をも確認し、水路誌における鬱陵島・竹島に関わる記載の変遷を眺めてみたい。

朝鮮沿岸に関するわが国最初の水路誌は明治一九年（一八八六）の『寰瀛《かんえい》水路誌』第二巻第二版であり、その第四編朝鮮東岸項に鬱陵島とリアンコールト列岩（リアンクール岩礁）が記載される。一方、『寰瀛水路誌』第二版の大日本沿岸北西部第一巻下には隠岐全島の記述がありながら、そこには竹島が含まれない。

	水路誌名	刊行年	記載の有無
1	寰瀛水路誌第２巻第２版	明治19（1886）	鬱陵島とリアンコールト列岩
2	日本水路誌	明治25（1892）	添付の「海岸区域図」中にリアンコールト列岩あり
3	朝鮮水路誌	明治27（1894）	鬱陵島とリアンコールト列岩
4	日本水路誌	明治30（1897）	本文中にも関係海図索引にもリアンコールト列岩なし
5	朝鮮水路誌第１改版	明治32（1899）	鬱陵島とリアンコールト列岩
6	日本水路誌第１改版	明治37（1904）	添付の「海岸区域図」中にLiancourt rocksあり
7	朝鮮水路誌第２改版	明治40（1907）	鬱陵島と竹島（Liancourt rocks）
8	日本水路誌第１改版	明治40（1907）	竹島（Liancourt rocks）
9	日本水路誌第６巻	明治44（1911）	鬱陵島と竹島（Liancourt rocks）
10	日本水路誌第４巻	大正５（1916）	隠岐と竹島
11	日本水路誌第10巻	大正６（1917）	？
12	日本水路誌第10巻上	大正９（1920）	鬱陵島と竹島
13	朝鮮沿岸水路誌第１巻	昭和８（1933）	鬱陵島と竹島

表３　水路誌一覧
出所：水路部『朝鮮沿岸水路誌』第１巻，昭和８年１月による．
【参考】関係水路誌沿革
1．朝鮮沿岸ニ関スル我ガ国最初ノ水路誌ハ寰瀛水路誌第２巻ニシテ明治19年12月刊行ニ係ル．
2．明治27年11月前記水路誌中其ノ第１編至第４編即チ朝鮮全岸ニ関スル記事ヲ分離改版シ朝鮮水路誌トシテ刊行ス．
3．明治32年２月朝鮮水路誌第１改版刊行．
4．明治40年３月朝鮮水路誌第２改版刊行．
5．明治43年朝鮮併合ニ依リ明治44年12月朝鮮水路誌ヲ日本水路誌第６巻ト改称改版刊行ス．
6．大正６年３月日本水路誌第６巻ヲ日本水路誌第10巻ト改称ス．
7．大正９年４月日本水路誌第10巻中第１編至第３編即チ朝鮮ニ関スル総記，朝鮮東岸及南岸ノ記事ヲ改版シ日本水路誌第10巻ト改称刊行ス．
8．大正９年７月日本水路誌第10巻中第４編及第５編即チ朝鮮西岸ニ関スル記事ヲ改版シ日本水路誌第10巻下ト改称刊行ス．
9．昭和５年12月日本水路誌第10巻ヲ朝鮮沿岸水路誌第１巻ト，日本水路誌第10巻下ヲ朝鮮沿岸水路誌第２巻ト夫々改称ス．
10．昭和８年１月朝鮮沿岸水路誌第１巻ヲ改版刊行ス．

やがて『寰瀛水路誌』の編纂は中断され、代わりに『日本水路誌』『朝鮮水路誌』『支那水路誌』など国家・領域単位で編成された水路誌へと衣替えした。そのうち『朝鮮水路誌』は明治二七年（一八九四）一一月に刊行されたのち、明治三二年二月に第一改版、明治四〇年に第二改版が刊行された。そして、明治四三年からは『朝鮮水路誌』がなくなり『日本水路誌』に含まれる。これは同四二年の韓国併合を契機としている。

右のうち明治二七年、三二年の『朝鮮水路誌』いずれにも鬱陵島とリアンコールト列岩が記載される。一方、明治三〇年三月刊行の『日本水路誌』第四巻本州北西岸項には隠岐島までが含まれながら、竹島の記載はない。

その後、『朝鮮水路誌』第二改版（明治四〇年三月刊行）には鬱陵島と竹島が記載され、『日本水路誌』第四巻第一改版（同年六月刊行）第三編本州北西岸項には竹島が記載される。それまでリアンコールト列岩と表記されていたものが竹島と記されるのは、明治三八年一月の竹島日本領編入が関係している。

さらに『日本水路誌』第六巻（明治四四年）第二編朝鮮東岸項には鬱陵島と竹島が記載され、同第四巻（大正五年）第一編本州北西岸項に竹島が、同第一〇巻上（大正九年）には鬱陵島と竹島が記載されるという。この大正九年四月刊行の『日本水路誌』第一〇巻のうち朝鮮沿岸部分がやがて独立し、昭和八年（一九三三）一月に『朝鮮沿岸水路誌』第一巻となるが、ここには鬱陵島と竹島が記載される。

水路誌と領土・領海

これら『日本水路誌』『朝鮮水路誌』の記述に関わって注意したい点を、以下に述べておく（池内［二〇一五b］参照）。

第一に、『日本水路誌』第一巻（明治二五年）と第一改版『日本水路誌』第一巻（明治三七年）それぞれに挿入された色刷りの「海岸区域図」の対比である。二つの「海岸区域図」は日本列島および周辺図であり、水路誌各編の本文中で区域ごとに説明する海岸区域を色分けして示すための索引図である。

二枚の図のうち明治二五年のものでは、朝鮮、松島（鬱陵島）、リヤンコルド岩（リアンクール岩礁）および中国大陸には彩色が施されず、台湾は図中に含まれない（図9）。これに対して明治三七年のものでは、同様に朝鮮半島、鬱陵島、Liancourt Rks（リアンクール岩礁）および中国大陸には彩色が施されず、台湾が描かれて彩色が施されるという違いが現れる（図10）。二つの「水路誌」作成のあいだには日清戦争勝利による台湾領有という史実がある。

この点を踏まえると、二つの「海岸区域図」における彩色の違いはたいへん示唆的である。日本の領土には彩色を施すが、そうでないものには施さないという姿勢が一貫しているから

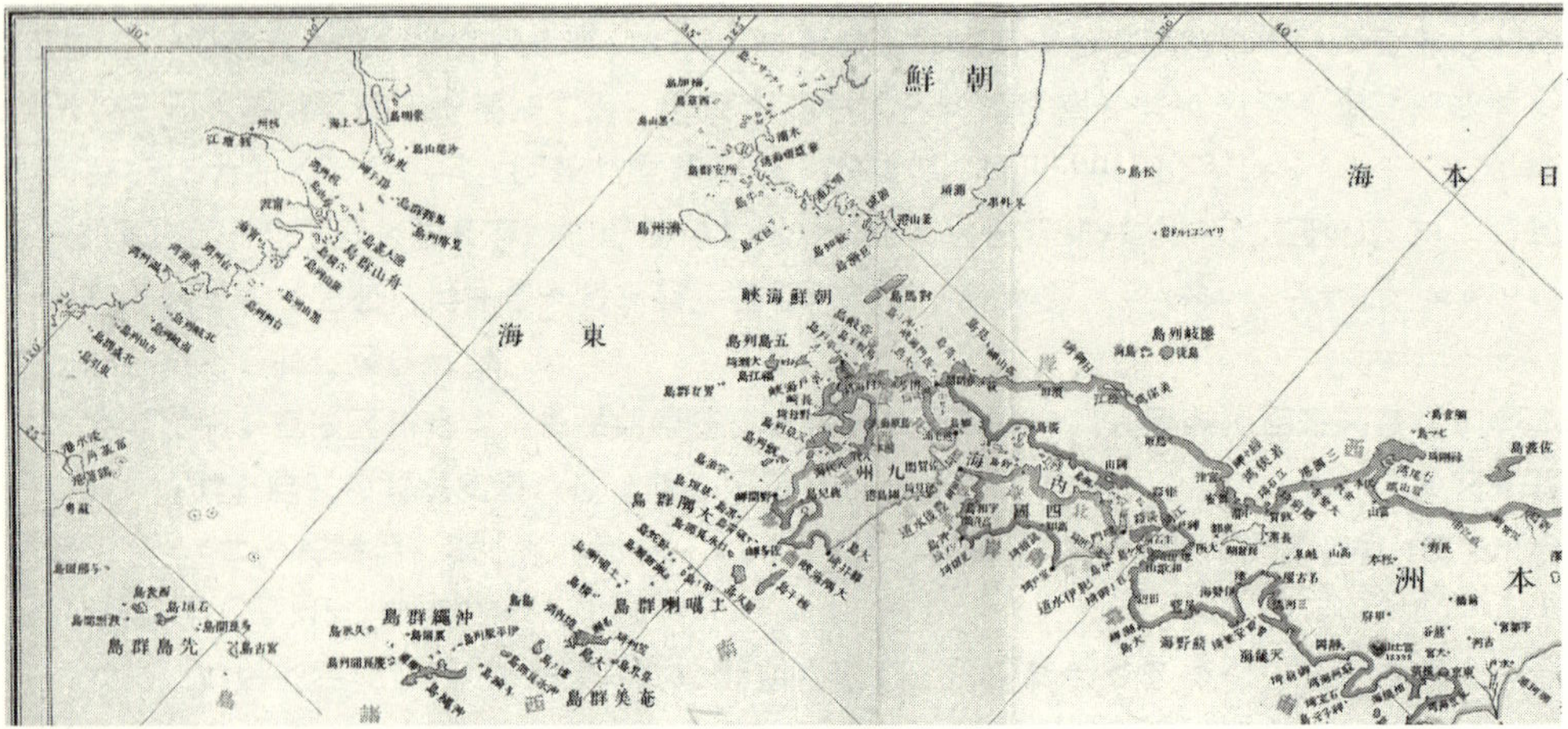

図9　『明治水路誌』第1巻（明治25年）の「海岸区域図」部分

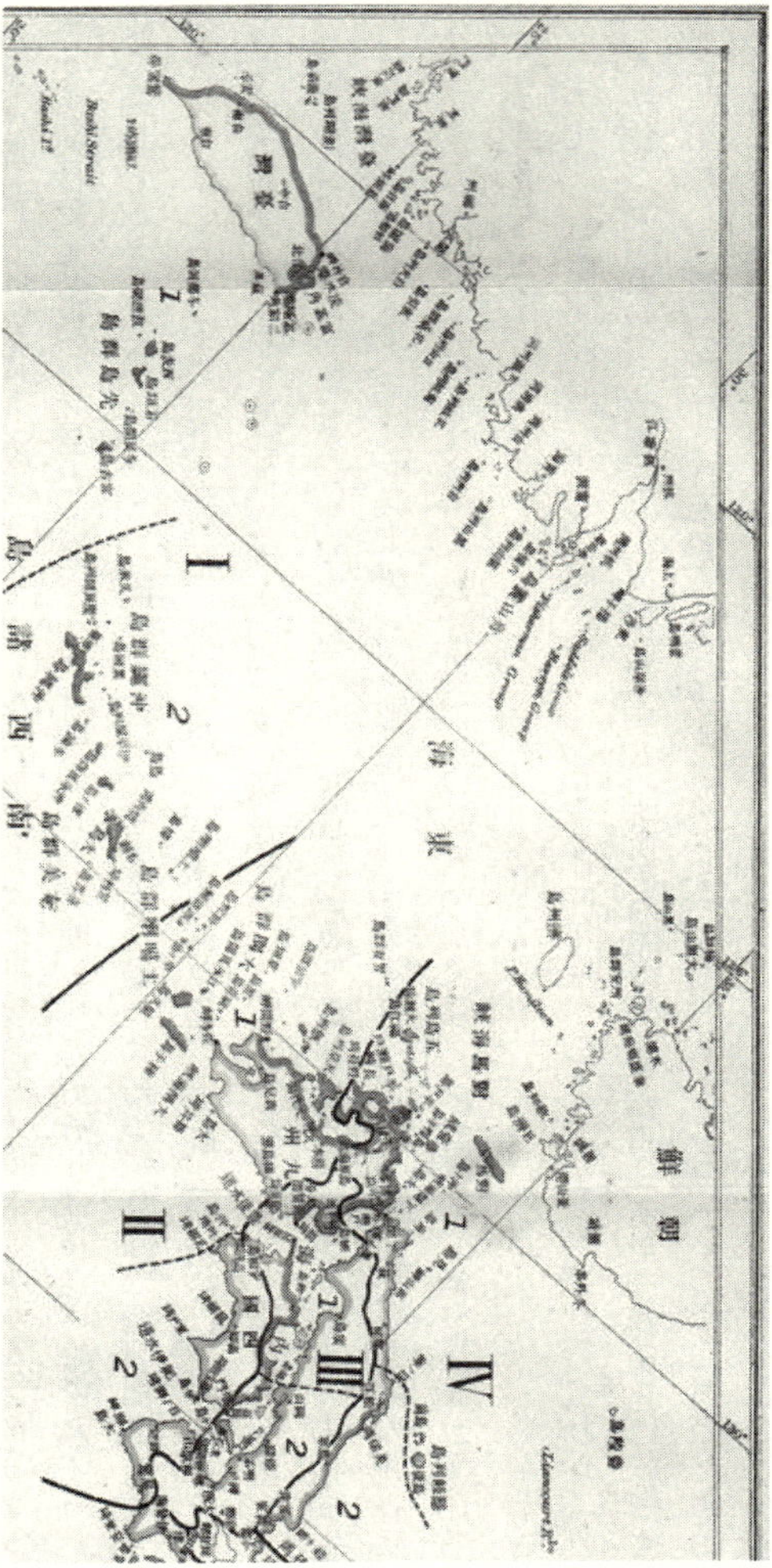

図10『日本水路誌』第１巻（明治37年）の「海岸区域図」部分

である。

第二に、水路誌記述における測量調査の反映についてである。『朝鮮水路誌』（明治二七年）、『朝鮮水路誌』第一改版（明治三二年）における竹島の説明は、一八四九年フランス船リアンコールト号による島の発見と命名、一八五四年ロシア艦、一八五五年イギリス艦それぞれによる発見と命名に由来すること、函館へ向けて日本海を航行する上で危険な箇所にあたることを指摘するなどの点で共通する。そして『朝鮮水路誌』第二改版（明治四〇年）は、そうした由来説明と航行の危険性を引きつづき述べた上で、「韓人ハ之ヲ独島ト書シ本邦漁夫ハリアンコ島ト曰フ」ことや「トド」猟のために鬱陵島から渡来する者が多数あるとの指摘を付け加える。「韓人ハ之ヲ独島ト書シ……」は後述するように明治三六年軍艦新高《にいたか》の調査によってもたらされた情報であり、総記部分には軍艦対馬による調査結果も盛り込まれていることが明記される。

一方で、『朝鮮水路誌』第二改版（明治四〇年）と同年ながら三ヶ月遅れで刊行された『日本水路誌』第四巻第一改版は、竹島に関する記事が対馬艦の報告書（明治三八年）に依拠すると明記し、函館へ向けて日本海を航行する上で危険な箇所にあたることや海豹《あざらし》猟のために本邦漁夫が渡来することとの指摘はあるものの、フランス船、ロシア艦、イギリス艦による発見・命名といった島の由来や「韓人ハ之ヲ独島ト書シ……」については一切触れない。また、海豹猟のために渡来する漁夫たちは「本邦漁夫」と記されるばかりで「鬱陵島から」渡来することには触れない。そしてこの『日本水路誌』の特徴は、「竹島を（島根県に）編入した」ことを強調する点に窺える。『朝鮮水路誌』第二改版、『日本水路誌』第四巻いずれも竹島日本領編入後の刊行でありながら、前者の記述が日本領編入以前からの情報を継続するのに対し、後者のそれが編入前からの情報の継続よりは編入後の姿を強調するものといえる。

そして、韓国併合後の明治四四年（一九一一）に刊行された『日本水路誌』第六巻の朝鮮全岸は、それまでの『朝鮮水路誌』が『日本水路誌』のなかに繰り込まれたものだが、その記述様式は『朝鮮水路誌』第二改版に倣ったものであり、『日本水路誌』第四巻第一改版とは異なっている。

第三に、明治三一年（一八九八）三月刊行の『日本水路誌』第五巻・北洲全部及北東諸島（千島）に付された序文を次に掲げておきたい。

日本水路誌巻五序
本巻ハ寰瀛水路誌第一巻第八編ノ修正版ニ係ル而シテ其編纂起原ノ大要左ノ如シ
……
本邦領海ニ関スル水路誌ハ本巻ヲ以テ結了セルヲ以テ寰瀛水路誌第一巻上下ハ此書発行

ノ日ヲ以テ之ヲ全廃ス
本書中誤謬ヲ発見スルカ又ハ改補ニ必要ノ実験ヲ為シタル者ハ時ヲ移サス水路部ニ報告アランコトヲ希望ス
明治三十一年三月　水路部長肝付兼行

この引用にも明らかなように、水路部長肝付兼行《きもつきかねゆき》は水路誌が「本邦領海ニ関スル」書物であることを述べている。水路誌の作成目的が領土・領海の確定にあるわけではないにしても、その作成にあたって領土・領海が前提されていたことは確実である。そして「海図」と「水路誌」は相互補完関係にあった。堀は水路誌が海図の解説書であると述べるが、それだけでなく、水路誌を読む際には海図を参照するよう指示されてもいる。それは水路誌序文を眺めれば、そうした記述に再々行き当たるところである。

海図・水路誌の評価

以上からすれば、「海図」「水路誌」は領土・領海を示すことを目的とするものではないが、領土・領海意識を反映した図であると述べてよい。「海図」「水路誌」からは領土・領海意識を読み取りうるのである。

そのことを踏まえて近代日本の「海図」「水路誌」から窺い知れるのは、一八八〇年代から一九〇五年竹島日本領編入の前までの期間において、少なくとも日本海軍水路部では鬱陵島とリアンコールト列岩（リアンクール岩礁）を日本領とは見なしていなかった、という事実である。ただし、「日本領と見なしていなかった」ことがただちに「朝鮮領と見なしていた」ことにはならないから、「朝鮮領と見なしていた」と論じるためには傍証が必要である。

また、近代日本の「海図」「水路誌」に示されているのは、日本海軍水路部の側の認識であって、朝鮮側の認識ではない。そこに鬱陵島・リアンコールト列岩が記載されるか否かをもって、当該期朝鮮側のそれら島嶼に対する認知の度合いを測ることは不可能である。ましてや朝鮮（一八九七年以後は大韓帝国）の領有を論じることはできない。

一方、一九五〇年代に日韓両国政府の見解往復がなされた（本書第七章）とき、日本政府は、一九三三年発行の『朝鮮沿岸水路誌』と『日本本州沿岸水路誌』のいずれにも竹島が記載されていることをもって、「水路誌」の記載は領土・領海とは無関係であり航行上の安全を図る目的にのみ存する、と強調したことがある（第二回日本政府見解、一九五四年二月一〇日付）。これはまことに不当な主張であった。一九三三年にあっては朝鮮半島も日本領の一部であり、日本領海を航行する船舶の安全を図るために、竹島が『朝鮮沿岸水路誌』と『日本本州沿岸水路誌』のいずれにも記載されるのは当然のことだからである。そうした特殊事例をもとに「水路誌」の性格を一元的に理解しようとするのは誤りである。

「水路誌」「海図」の成り立ちを歴史的に追究してゆけば、その作成にあたって領土・領海が意識されていることは明瞭であり、『朝鮮沿岸水路誌』『日本本州沿岸水路誌』それぞれにおける竹島の記載には島の由来や性質についての差異が孕《はら》まれている。そして、その差異は、一九〇五年一月の竹島日本領編入以前においては、リアンコールト列岩は日本領とは見なされていなかった事実に由来する。

渡邉洪基の見解

ところで、明治一〇年頃、それまでとは全く異なる竹島〈松島・独島・りゃんこ〉認識の可能性が芽生えていた。外国船の測量によって発見された竹島〈松島・独島・りゃんこ〉を日本領と見なす見解である。それは外務省で松島（鬱陵島）なる島の確定と関わって作成された文書綴に含まれた二点の「松島之議」とする書面であり、作成者はいずれも当時の外務省記録局長渡邉洪基《わたなべひろもと》である。作成年代は明記されないが、遅くとも明治一〇年度中には作成されたものである。官員録によれば、渡邉は明治四〜一〇年には外務省で書記官等を務めているが、明治一一年からは法制局司法大書記官に転じるからである。

先述のように、明治初年になって松島開拓願いが頻繁に提出され、それがどの島をさすのかの確認が求められていた。結局のところ、明治一三年（一八八〇）の軍艦天城《あまぎ》による測量を経て、開拓願いにいう松島とは鬱陵島のことであり朝鮮領であるということに外務省の結論は落ち着くが、議論の当初は甲論乙駁《こうろんおつばく》するものであった。そうしたなかで渡邉の主張は、いわゆる松島とは「洋名ホルネットロックス」に該当し、それが日本領であることは「各国ノ地図皆然リ」という。また、竹島が鬱陵島と一致することを認めた上で、それを「朝鮮ニ譲与セリト雖《いえど》モ……松島ハ竹島ヨリ我近キ方ニアレハ日本ニ属シ、朝鮮又異論アル能《あた》ハス」ともいう。

しかしながら、渡邉洪基の見解は明治政府の主流を占めるには到らなかった。開拓願いにいう松島の確定を急いでいたことと、それと裏腹の関係になるが江戸時代の松島（竹島）それ自体は単独では利用価値をもたなかったからである。また、ホーネット岩が日本領であることは「各国ノ地図皆然リ」という渡邉の見解もまた否定された。明治一九年（一八八六）刊行の『寰瀛水路誌』第二巻以降、海軍水路部が刊行する諸種の水路誌には鬱陵島とともにリアンクール岩礁が何らかの格好で掲載され、記載の根拠資料としては欧米艦船による測量が挙げられるものの、一九〇五年に竹島として日本領に編入されるまでのあいだは常に日本領外の扱いだったからである。

第六章　竹島の日本領編入
――その経緯と韓国側主張の検証②

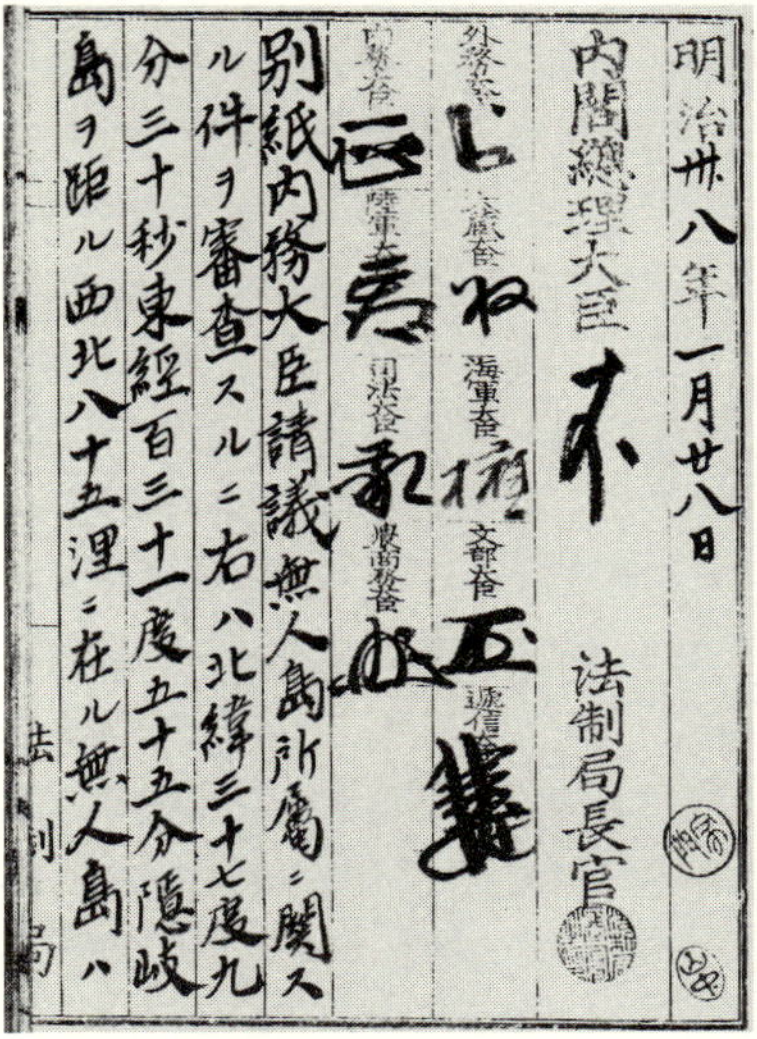
明治卅八年一月廿八日
内閣總理大臣
法制局長官
別紙内務大臣請議無人島所屬ニ關スル件ヲ審査スルニ右ハ北緯三十七度九分三十秒東經百三十一度五十五分隠岐島ヲ距ル西北八十五浬ニ在ル無人島ハ
法制局

竹島日本領編入の閣議決定文（明治38年〔1905〕１月28日）

竹島の「再発見」

幕府の外交文書類を引き継いだ明治政府（太政官）は明治一〇年（一八七七）、「竹島（鬱陵島）・松島（竹島）は本邦関係これ無し」と明言する。さらに明治一四年六月、鬱陵島に多くの日本人が入り込んで森林伐採を行っていることに気づいた朝鮮政府は日本政府に抗議し、日本人の鬱陵島渡航を禁止するよう求めてきた。その折に明治政府は鬱陵島が朝鮮領であることを確認し、鬱陵島在留日本人の全員引き上げを命じ、実行に移した。鬱陵島〈竹島・松島〉在留日本人で明治一六年（一八八三）一〇月に引き揚げ対象者として数え上げられた二四〇余名のうち、山口県人が半数を超える一三四名を数え、出身県は西日本各地の一〇県に及んだ。

ところがこの後も日本人の鬱陵島〈竹島・松島〉定住は進み、一九〇〇年前後には二〇〇名前後から五〇〇名程度を数えるようになり、島根県・鳥取県からの渡航者比率が高まった。一方、朝鮮政府も一五世紀以来の鬱陵島空島政策を撤回して一八八二年に鬱陵島開拓令を出すと、朝鮮人の定住も進んで行き、一九〇〇年前後の鬱陵島における定住朝鮮人数は一〇〇〇名を超えるようになった。こうしたなかで竹島〈独島・りゃんこ〉が「再発見」され、鬱陵島を起点とする利用が始められるようになった。関連する史料をまず掲げよう。

A　竹島（鬱陵島――引用者注）ハ隠岐より西北八十余里の洋中に孤立し、船を駛《は》する五十余里に至る頃《こ》ろ一ヶの孤島あり、ⓐ俗之をリランコ島と云ふ、其周囲凡《およそ》一里許《ばか》りにして三ヶの嶋嶼より成れり、此嶋に海獣海驢棲息《せいそく》し数百頭を以て数ふへく、其叫声轟々として喧《かまびす》しく此近海は鯨族の群遊ありて実に無比の捕鯨場たり、……

（「朝鮮竹島探検」『山陰新聞』一八九四年二月一八日）

B　ⓑ去る四月中旬東京発行の各新聞紙は日本海中に一島嶼を発見せることを報せり、其のいふ所に従へは韓国欝陵島を東南に去ること三十里我日本国隠岐を西北に距ること殆《ほと》んと同里数の海上に未た世人に知られさる一島嶼を発見せり、該島は未だ本邦の海図には載らすイキリスの海図にも亦これを記せされとも其島の存在は確実にして、現にⓒ欝陵島にありし日本人は晴天の日山の高所より東南を望みたるに遥に島影を認めたりといへり、今此島発見の歴史を聞くにⓓ一両年前九州辺の一潜水器船が魚族を追ふて遠く海中に出てきたるに、見慣れさる所に一島嶼の存在せることを発見し喜んで之を根拠地と定め其四隣の海中を漁り回りたるに、此の辺魚族の棲息せるもの頗《すこぶ》る多かりしもⓔ海馬数百群を為して潜水器船を阻みたれば終に目的を終へすして引還したりといふ、……只ⓕ地上より数尺の間は之を鑽《き》るも水を得ず従てⓖ現今の所にては水産物製造場としての価値は乏しといふべし、故に学者実業家は猶充分なる探検を施すの余地を留む、ⓗ日韓漁民之を指してヤンコと呼へりといふ

以上の記事に拠るに其位置固《もと》より確実ならす、想ふに此の島は未た海図に示されすといふもⓘ其記事及ひ称呼より之を察せば恰《あたか》もLiancourt rocks《リアンコートロック》に符合せり……

(「日本海中の一島嶼(ヤンコ)」『地学雑誌』一三巻五号「雑報」欄、一九〇一年)

C　本島(鬱陵島――引用者注)ノ正東約五十海里ニ三小島アリ、ⓙ之ヲリヤンコ島ト云ヒ、本邦人ハ松島ト称ス、同所ニ多少ノ鮑ヲ産スルヲ以テ、本島ヨリ出漁スルモノアリ、然レトモ同島ニ飲料水乏シキニヨリ、永ク出漁スルコト能ハサルヲ以テ、四五日間

ヲ経バ本島ニ帰港セリ

（「明治三十五年鬱陵島状況」一九〇二年五月）

りゃんこ島

Aは前年（一八九三年）六月に竹島（鬱陵島）を実地調査したのを踏まえた記述であるから、一八九三年頃には竹島が民間に知られており、「リランコ島」と呼称されていたことがわかる ⓐ。「俗にこれをリランコ島と云ふ」という「俗に」が誰を指すかはっきりしないが、隠岐を出発して鬱陵島に到り、鬱陵島調査を終えて島根県に戻ってから記事を書いた点に鑑みれば、隠岐諸島と鬱陵島にいた人々を指すことになるだろう。ただし、日本人だけに限られるのか朝鮮人も含むのかは判然としない。

またBによれば、一九〇一年の春に竹島が「発見」されていること ⓑ、また一九〇一年より一～二年ほど前に日本漁民がこの島を「発見」した ⓓ が、島に棲息する数百の「海馬」に阻まれて活用できなかったこと ⓔ、「日韓の漁民」はこの島を「ヤンコ」と呼んでいること ⓗ、この雑報を書いた人物は「ヤンコ」なる呼称からそれが **Liancourt**《リアンコート》 **rocks**《ロック》 と合致すると見ていること ⓘ などがわかる。そしてこの島は、晴天の日には鬱陵島から東南方向に遥かに島影が見えるともいう ⓑ。

したがって、この記事に従う限りは、一九〇〇年を前後する時期の「日韓の漁民」はこの島の存在を知っており、「ヤンコ」と呼んでいた。そして、この島の活用に先に手をつけたのは日本人漁民であり、実際に島に上陸を試みて失敗し（ⓔ）、あるいは地下水の得られないことを実地に確認してもいる（ⓕ）。だから現時点では価値がないものの、有効利用を考える余地があるから日本人学者・実業家は知恵を絞れという（ⓖ）。

さらにCは、一九〇二年四月に鬱陵島に着任した西村警部による鬱陵島の現況報告書の一部である。鬱陵島におけるさまざまな実情調査を行った上で竹島について「これをリヤンコ島と言い、本邦人は松島と称す」（ⓙ）と記す。この史料は、鬱陵島在住の韓国人が竹島を「リヤンコ島」と呼び、同島の日本人が「松島」と呼んでいる、と解するのが素直だろう。

さて、上記A～Cを並べてみたときに、第一に、竹島が「リヤンコ島」（一八九三年・A）、「ヤンコ」（一九〇〇年前後・B）、「リヤンコ島」（一九〇二年・C）と、概ね同一語源に基づく呼称で呼びつづけられていたことがわかる。そして共通する語源は、Bの筆者が推測するLiancourt《リアンコート》 rocks《ロック》と見るのが素直だろうと感じる。* 第二に留意すべき点は、一八九三年には「リランコ島」として知られていたにもかかわらず（A）、一九〇一年になって「ヤンコ」が「発見」されたという事実（B）である。これは、一九世紀末の時期にあっては竹島に対する認識が十分には定着していなかったことを示しており、同島における漁撈《ぎょろう》が広く知られるまでの規模にはなっていなかったか、まるで行われていなかったかのいずれかであっただろう。第三に、「リランコ島」「ヤンコ」「リヤンコ島」などと呼んでいたのはいったい誰であったのか、である。それは、先述したように、一八九三年には隠岐諸島と鬱陵島にいた人々で、日本人だけなのか韓国人も含むのかは判然とせず、一九〇〇年前後には「日韓の漁民」、一九〇二年の場合では韓国人鬱陵島民、ということになる。

＊民間における「りゃんこ」なる島名使用の初見は、今のところ明治一六年である。それは、鬱陵島在住山口県人の引き揚げに際して行われた、山口県警部による在島中の松岡節之助に対する事情聴取記録中に現れる。すなわち「蔚陵島ハ日本ニテ松島或ハ竹島ト云フガ、一ノ島ナルヤ又ハ属島ナルヤ」「答、二島ナリ、一ハ蔚陵島、一ハ（リヤンコウ）ト云フ、即チ竹島ナリ、自分渡航不致ニ付承知セス」とする問答である。「（リヤンコウ）ト云フ、即チ竹島ナリ」と述べるところに混乱が見えるものの、いま鬱陵島に在住している者が「自分は（その島に）渡航していないので、（その島については）良く知らない」と述べている以上は、ここにいう（リヤンコウ）は鬱陵島のことではなく、今日の竹島と見なしてよい。

朴雲学の回想記事

ところで、一九六〇年代の新聞に掲載された回想記事という二次史料ではあるが、一九〇

○年を前後する時期に韓人たち自らが竹島を活用し、この島を「トルソム」と呼んでいた可能性を示す文献史料が二〇〇〇年代になってからいくつか発見紹介されている。そのひとつが、次に示す『朝鮮日報』一九六三年八月一一日付の記事「濊島（最終回）　海の開拓者」（文責は李圭泰《イギュテ》）である（D）。また、李圭泰は一九九〇年代から二〇〇〇年代にかけて『朝鮮日報』の名物コラム「李圭泰コーナー」に朴雲学《パクウンハク》（朴龍学《ヨンハク》）からの聞き伝えを再三書いており、そのうち一九九一年一月六日付のものがEである。

D　独島がわが領土であることのただ一人の生き証人が、ペ・サンサム生火葬事件を直接目撃した朴雲学氏（七八歳）で、（巨文《コムン》島の――引用者注）西島木村に健在である。……（積荷の――引用者注）米を売って空っぽになった船を西風に乗って走らせれば鬱陵島に至る。十七歳で行ったときには道洞（鬱陵島の集落のひとつ――引用者注）には家が十軒、日本人はおらず、僧侶たちが童子参を掘りに来るばかりだった。カジェ（オットセイの一種――引用者注）を捕まえにトルソム（独島）へたびたび行ったという朴氏は、カジェの皮で靴やたばこ入れを作って贈物とし、油を搾《しぼ》って灯りに使ったという。……

E　朝鮮統監府が行政的に支配する前までの鬱陵島は、巨文島の漁民たちの出稼ぎの場であった。鬱陵島へ来て巨木を伐って新たに船を造り、わかめをたくさん積んで帰ったのである。このわかめを積んだ船で鬱陵島を往来した、当時八十代の老漁夫朴龍学翁を三十余年前に訪ねたことがある。この翁から、独島へアシカ猟に行った話を聞いた。……このアシカを捕まえて、その油を航海中の灯火用に使った。皮は、靴・煙草入れ・防寒帽などに用い、家族への土産物としたり安値で売ったりもした。……

これらの史料から明らかになるのは、第一に、統監府による支配が始まる一九〇五年以前の鬱陵島に巨文島の漁民が入島していたこと、鬱陵島では木材を伐採して船を建造し、鬱陵島で採れたわかめを大量に積み込んだり筏《いかだ》を積んだりして巨文島に戻った、ということである。ここに見える朝鮮人の活動の姿は、朝鮮沿岸に関するわが国最初の水路誌『寰瀛水路誌』第二巻第二版（一八八六年、本書第五章）に「春夏ノ季節ニ於テハ朝鮮人此島（鬱陵島――引用者注）ニ渡来シ、朝鮮形船ヲ製造シ、以テ之ヲ其本地ニ送リ、又多量ノ介蟲（わかめや鮑――引用者注）ヲ拾集乾晒ス」とあるのに照合している。

第二に、朴雲学（朴龍学）は一九〇〇年頃に独島へアシカ猟に行った経験をもち、獲ったアシカは油と皮を利用したことがわかる。ただし、独島を当時から「トルソム」と呼んでいたかどうかは、この記事だけでは確言できない。とりわけ先に掲げた日本側史料（BC）の記述によれば、一九〇〇年前後の「日韓の漁民」、一九〇二年の朝鮮人鬱陵島民は、竹島を「ヤンコ」「リヤンコ島」などと呼んでいたと記録されており、この点の齟齬《そご》は気にかかる。

金允三の回想記事

朴雲学（朴龍学）と同じく巨文島出身の金允三《キムユンサム》もまた、次に示す史料Fのように類似する回想を残している（『民国日報』一九六二年三月一九日付）。

F　巨文島西島里に住む今年八十七歳の金允三老人は、……二十歳（一八九五年）の夏に千石積みほどの貿易船五～六隻で元山を経て鬱陵島に到り、その鬱蒼《うっそう》とした木々を伐り、筏をつくった。晴れた日には東側の海のなかにぼんやりと島が見えた。年をとった船乗りにあれは何かと尋ねた。「あの島はトルソム（石島＝独島の別称）で、わが三島（巨文島）に住む金致善（今から一四〇年前）爺さんの時から、いつもその島で多くのアシカを捕まえて行く」と教えてくれた。――いま、その金致善氏の曽孫《そうそん》金哲修氏（五七歳）が長村部落に健在である――一行数十人は元山などの地で明太（鱈）などを積んだ船を鬱陵島に置き、筏を二日漕いで約二百里になる「トルソム」に到着した。島がことごとく岩でできていて、人は誰ひとりとしていなかったという。

トルソムは大きな島二つとたくさんの小さな島からなっていて、大きい島のあいだに筏を置いておいて十日あまり留まりながら、アシカ（海狗＝オットセイ）も捕ったし、ワカメやアワビなども採った。

そして鬱陵島に再び戻り、釜山や対馬へ行って日本人に売ったが、アシカをたいへん好んだという。アシカの肉を食べ、皮を履き物などにして履いたともいう。

右の回想記事にみえるトルソムの描写は、まさに独島そのものである。それは、鬱陵島の東側にぼんやりと見えること、大きな島二つとたくさんの小さな島からなること、島がことごとく岩でできていること、鬱陵島からの距離を約二百里（八〇キロメートル）とすること、などからである。金允三は、その島は「トルソム」だと教えられ、一八二〇年頃からアシカ猟を行ってきたとも聞かされた。獲ったアシカは肉と皮を活用し、日本人に売ったともいう。

したがって、その目的や規模については留保をつけねばならないが、D〜Fを通じて、巨文島民による独島でのアシカ猟が一九〇〇年を前後する時期に存在していた可能性を読み取ることはできるだろう。この時期に、複数の朝鮮人漁民が独島へ個別に出漁し、細々とながらもアシカ猟を行っていたことは認めてもよい。

りゃんこ島の貸し下げ願い

こうして「りゃんこ島」がアシカ猟を初めとする漁撈の場として認識されていくなかで、島根県隠岐在住の中井養三郎が一九〇四年九月に「りゃんこ島領土編入並に貸下願」を提出し、これが竹島を島根県に編入するきっかけとなった。

中井養三郎の履歴によれば、中井がリヤンコ島でのアシカ猟に初めて着手したのは一九〇三年であり、翌〇四年に本格的に事業を開始しようとしたものの競合者が多数に上ったため何らかの対策が必要と考えた。そのためにリヤンコ島におけるアシカ猟の独占的経営を図るために、公権力からの同島貸し下げを画策することとなる。

その際、中井がリヤンコ島を朝鮮の領土と見なし、朝鮮政府（大韓帝国政府）に対して貸し下げ願いを提出しようと行動を開始したことは、「中井養三郎氏はリヤンコ島を以て朝鮮の領土と信じ、同国政府に貸下願の決心を起こし」「海図によれば、同島は朝鮮の版図（版図――引用者注）に属するを以て……同島貸下を朝鮮政府に請願して、一手に漁業権を占有せんと決心し」「本島ノ欝陵島ヲ附《ママ》属シテ韓国ノ所領ナリト思ハル、ヲ以テ、将ニ統監府ニ就テ為ス所アラントシ上京シ」と、伝来する三つの履歴に共通する記述に尽くされている。

そして、その折に中井は肝付兼行海軍水路部長からリヤンコ島の帰属が未確定である旨の示唆を受けて翻意し、貸し下げ願いを日本政府に提出することとなり、これがリヤンコ島の日本領編入の直接的な契機である。

堀和生は、ここで中井がリヤンコ島を朝鮮の領土と見なしていた点と、内務省がリヤンコ島の日本領編入に反対であった点に特に留意し、内務省の反対を押し切って「無主地編入」なる形式でリヤンコ島の日本領編入を強行したのは農商務省水産局長牧朴眞《まきなおまさ》、海軍水路部長肝付兼行、外務省政務局長山座圓次郎《やまざえんじろう》の三人であったことに注意を喚起する。そして、その編入が「強行」であったと評価する背景には、その当時がまさに日露戦争の遂行中であったという時期の問題への着目がある。とりわけ日露戦争の帰趨《きすう》は日本海海戦によって決せられ、そのなかでも重要な海戦のひとつに鬱陵島・竹島海域における戦闘があった。

「独島」なる島名の初見

ところで、中井が上京した動機は、競合者を排除するためにリヤンコ島の貸し下げ願いを提出しようとするところにあった。もしここで、競合者が日本人だけに限られるのであれば、中井がリヤンコ島の排他的独占を実現するためには同業日本人を排除しさえすればよいのだから、日本政府に訴え出ようと考えるのが素直だろう。しかし中井は、まずは朝鮮政府（大韓帝国政府）に対する行動を起こそうと考えた。とすれば、中井の行動の背景にリヤンコ島における朝鮮人漁民との競合を想定する必要が出てくる。その競合の質を考える手がかりとなるのは、「独島」の初見史料として知られる軍艦新高の「行動日誌」である。

（明治三七年九月）二十五日（月）

……

あ松島ニ於テ「リアンコルド」岩実見者ヨリ聴取リタル情報、い「リアンコルド」岩、韓人之ヲ独島ト書シ、本邦……漁夫等、略シテ「リヤンコ」島ト呼称セリ、別紙略図ノ如ク二檗《へき》岩礁ヨリ成リ、西嶼ハ高サ約四〇〇呎、険阻ニシテ攀ルコト困難ナルモ、東嶼ハ較低クシテ雑草ヲ生シ頂上稍々《やや》平坦ノ地アリ、二三小舎ヲ建設スルニ足ルト云フ、

……

（『軍艦新高行動日誌』五、国立公文書館アジア歴史資料センターＨＰ画像による）

右の行動日誌が書かれた時期は、中井養三郎が上京した時期とほぼ一致する。そうした時期に、松島（鬱陵島）において、「リアンコルド」岩を実際に見たことのある者から聴取した情報として（傍線あ）、韓国人はこれを「独島」と書き、日本人は「リヤンコ島」と呼んでいる、というのである（傍線い）。韓国人がこの島を「独島」と「書いている」ことも聴き取り調査で得た情報だというのだから、軍艦新高側が聴取した相手は日本人と考えておく

のが妥当である。そして、その人は「リアンコルド」岩の「実見者」というのだから、竹島への渡航経験をもつ人物である。

したがって右の軍艦新高「行動日誌」からは、竹島への渡航経験をもつ日本人が、その同じ島のことを韓国人が「独島」なる名称で書いていることを知っている、ということがわかるのである。とすれば、一九〇四年九月という時点で、鬱陵島在住朝鮮人(韓国人)のなかには「リアンコルド」岩を知っている者がおり、かつ「独島」なる書き言葉での名前を付けていることが明らかとなる。「書き言葉＝漢文」と「話し言葉＝ハングル」とのあいだに明瞭な階層性が認められる韓国社会にあって、「独島」なる島名が鬱陵島の知識層において流布したものである蓋然性は高いものがある。

もちろん名づけ自体と領有意思の表明とは同一ではなく、ましてや国家的な領有権確立とのあいだには明らかな段階差がある。しかし同時に以下の点には留意が必要である。

りゃんこ島と独島

第一に、先に史料A～Cによって、こんにちの竹島は、一八九三年には隠岐諸島と鬱陵島にいた人々が「リランコ島」(A)と呼んでおり、一九〇〇年前後には「日韓の漁民」が「ヤンコ」(B)と、一九〇二年には朝鮮人鬱陵島民が「リヤンコ島」(C)と呼んでいたことがわかる。これら「リランコ島」「ヤンコ」「リヤンコ島」は、Liancourt rocks《リアンコート ロック》を同一の語源とする。この点を踏まえて軍艦新高「行動日誌」の記事を見直せば、一九〇四年九月の時点で「独島」なる書き言葉で「リアンコルド」岩に名前を付けた鬱陵島在住朝鮮人（韓国人）たちは、自ら「リアンコルド」岩への渡航経験をもつか、または渡航経験をもつ鬱陵島在住朝鮮人（韓国人）から得た知識をもとにして「独島」と名づけたことが明らかとなる。しかも、「独島」の語源をLiancourt rocks《リアンコート ロック》に求めることは困難だから、日本人の名づけとは全く乖離《かいり》した鬱陵島在住朝鮮人による独自の語源選択が存在していたことを認めざるをえない。

第二は、軍艦新高「行動日誌」に見える一九〇四年時点での書き言葉としての「独島」は、一九〇六年における大韓帝国中央官僚・地方官僚による書き言葉としての「独島」と繋《つな》がることが明瞭だという点である。後述するように、竹島の日本領編入は一九〇五年一月の閣議決定をもってなされ、同年二月に島根県告示四〇号で公にされたが、鬱陵島の韓国官僚たちはそうした措置を知らなかった。彼らが初めて知ったのは、一九〇六年三月二八日に島根県第三部長の神西由太郎《じんざいよしたろう》らが鬱陵島を訪問した際のことであった。

それは県知事の命を受けて隠岐島司東文輔ほか四〇名余を伴ってのものであったが、そもその目的であった竹島視察途中に天候が悪化したので鬱陵島へ避難したものである。したがって、最初から竹島の日本領編入を韓国側に伝える意図をもって派遣されたものではない。

欝陵島道洞政庁における神西と欝島郡守沈興澤《シムフンテク》との対面の様子は、奥原碧雲《おくはらへきうん》の「竹島渡航日誌」一九〇六年三月二八日条に記されて川上健三も引用する（川上［一九六六］二二三頁）。

そこでは「神西部長は訪問の由来を述べ竹島にて捕獲せし海驢一頭をおくる」としか記録されていないが、川上［一九六六］二二九頁で引用する『山陰新聞』一九〇六年四月一日付の記事に従えば、神西は「余は大日本帝国島根県の勧業に従事する役員なり　貴島と我が管轄に係る竹島は接近せり……又貴島を視察するの予定なれば何か進呈すべきものを携帯すべかりしを今回避難の為め偶然にも着島せし訳にして何も贈呈するものなし　幸に茲《ここ》に竹島に於て海驢を獲たれば贈呈せんとす　受納あらば幸甚」と述べたという。

おそらくは神西の発言中にある「我が管轄に係る竹島」に驚いた沈興澤は、上司にあたる江原道観察使李明来《イミョンネ》に対して以下の緊急報告書を提出した。

本郡所属の独島が（欝島の）外洋百余里外のところにあるが、本月四日*辰時ころに輪船一隻がやってきて郡内道洞浦に来泊し、（乗ってきた）日本人官人一行は官舎に到着するや、独島がいま日本領となったので視察のついでにやって来たという。一行は、日本島根県隠岐島司東文輔および事務官神西《ママ》太郎、税務監督局長吉田平吾、分署長警部影山巌八郎、巡査一人、会議一人、医師、技手各一人、そのほか随員十余人であり、まず戸数・総人口・土地・生産を尋ね、かつ人員および経費がいくばくかを問い、諸般の事務を調査して書きとめて行った。そこで、（こうした経過を）ここに報告する次第です。

＊「本月四日」は陰暦三月四日のことで、陽暦では三月二八日にあたる。なお、現在広く知られる当該史料はソウル大学校奎章閣所蔵「各観察道案」収録分であり、そこでは「本月四日」がいつなのか明瞭ではない。しかしながら、申奭鎬《シンソクホ》「独島所属について」一九四八年が紹介した史料では沈興澤の報告書作成が「陰三月五日」と明記されるので、両史料を対比することで日時の確定が可能である。

李明来は大韓帝国中央政府に報告し、それを受けて内府大臣李址鎔《イジヨン》は「独島が日本に属する土地だというのは全く埒《らち》もない話」と述べ、議政府参政大臣朴齊純《パクジェスン》は、「独島が日本の領土だというのは全く根拠のない話であり、独島の状況と日本の動向をもう一度調査せよ」との指令を下した。

この当時の韓国官僚たちが「独島」なる島名を書き言葉として使用している背景なり根拠なりは明確ではない。少なくとも根拠を示すような公式文書は今のところ発見されていない。しかしながら、同一の島を指す名称として、一九〇四年と〇六年にまたがって「独島」なる

「書き言葉」が史料上に確認できる以上は、これらが一連のものとして繋がりをもっていることは否定しようがない。

竹島編入の閣議決定

さて、明治三八年（一九〇五）一月の竹島日本領編入の閣議決定は、これまで述べてきたような文脈のなかでこそ理解されるべきものである。一部は第四章でも引用したが、まず全文掲げよう。

別紙内務大臣発議による無人島の所属に関する件を審査するに、島は北緯三七度九分三〇秒、東経一三一度五五分、隠岐島を距ること西北八五マイルに所在するが、島は他国による占領の事実がない無人島であり、明治三六年より本邦人中井養三郎が島に漁舎を構えて人夫を島に派遣して猟具を用いてアシカ猟を始めた。そしてこのたび中井がその島の領土編入と中井への貸し下げを出願してきたので、この際、島の所属と島名を確定する必要があり、この島を竹島と名づけ、今後は島根県所属隠岐島司の所管としたいということになった。そこで審査したところ、たしかに明治三六年から中井がその島に移住して漁業に従事してきたことは書類上明らかであり、そうである以上は国際法上占領の事実あるものと認めうるから、この島を本邦の所属とし、島根県所属隠岐島司の所管としても差し支えないと考える、と。そこで発議にしたがって閣議決定を行って然るべきであると認める。

ここには、「他国による占領の事実がない無人島」に対し、「国際法上占領の事実あるものと認めうる」から日本領に編入するという意図（無主地先占の法理）が明確に述べられている。近世に確立された竹島に対する領有権を再確認するなどとは、どこにも記されない。それもそのはずである。右の閣議決定に先立つ、元禄竹島渡海禁令、天保竹島渡海禁令、明治一〇年太政官指令の三つにより、「今日の竹島は日本領ではない」ことをわが国中央政府歴代がそのつど繰り返し確認してきたからである。

石島が独島である

一方、韓国ではこれより先、一九〇〇年一〇月二七日に頒布・施行された大韓帝国勅令四一号をもって韓国の竹島に対する領有意思が公式に表明されたものと主張する。勅令四一号は、欝陵島を欝島と改称し、島監に替わって郡守を置く官制の変更を公示するものであり、第二条の全文は「郡庁の位置は台霞洞と定め、区域は欝陵全島と竹島・石島を管轄すること」というものである。これが竹島日本領編入に先立ってなされたものである以上、日本の編入行為は違法であって無効だという主張となる。

しかしながら、この勅令第四一号第二条にいう「石島」が竹島に一致することが直接的に証明されたことは、これまでに一度もない。李漢基《イハンギ》は、「独島の「ドク」は、すなわち「石」と解釈できる……「ドクソム」という固有語を漢字で表現して独島ないしは石島としたもののようである」と述べ、さらに注記で一九五三年九月九日付大韓民国駐日代表部口上書の一節を以下のように引用する。「韓国の慶尚道方言によれば、「ドク」は石ないしは岩の意味である。「ドクト」は石島ないしは岩島を意味する。「ドクト」の発音が一致する独島は……」と。

一方、慎鏞廈《シンヨンハ》は、「当時、鬱陵島住民の絶対多数は全羅道出身の漁民たちであって、全羅道方言で「ドル」を「ドク」とし、「ドルソム」を「ドクソム」とするのはよく知られた事実である。大韓帝国政府は、「ドクソム」を意訳して「石島」としたのである。鬱陵島の初期移住民たちの民間呼称たる「ドクソム」「ドクト」を、その意を採って漢字表記すれば「石島」となり、発音を採って表記すれば「独島」となる」と述べる。

片や慶尚道方言から説明し、片や全羅道方言から説明するやり方は、「石島と独島は一致する」という前提から出発し、その一致をいかに説明するかに腐心している様子を露わにしている。そもそも「当時、鬱陵島住民の絶対多数は全羅道出身の漁民たち」というのはどれほどの蓋然性をもつ史実なのだろうか。

たしかに一八八二年に李奎遠が鬱陵島の検察を行ったときに、島にいた朝鮮人一四〇余名のうち全羅道出身者は一一五名（約八割）である。けれど、この人たちは、春に鬱陵島へ来て、秋には全羅道へ戻る通漁者たちであった。彼らをもって鬱陵島の「住民」とするのは果たして妥当なのだろうか。また、彼らは竹島をどれほどよく知っていたのだろうか。

さらに、鬱陵島の初期移住民たちの民間呼称が「ドクソム」「ドクト」であったことは、どのような手続きを経て明らかにされてきた事実なのだろうか。こうした「民間呼称」が歴史学の文献を介して明らかにされたことを知らない。現状では、方言・発音からする説明は、客観的な証明としての説得力を全く有しない。

于山島と独島

さて、先に『朝鮮日報』『民国日報』に掲載された回想記事を掲げた。これらは、すでにトルソム＝トクソム説が韓国政府によって公式に唱えられ世上に流布した一九六〇年代になって登場した新聞記事でもあり、史料的価値は必ずしも高くはない。しかし、それでもたしかに大韓帝国勅令第四一号第二条にいう「石島」と独島とが一致する可能性に繋がるものではある。しかしながら、この新聞記事の発掘によっても、越えるべき問題点はいくつも残されたままである。

そのうち最大のものは于山島の問題である。竹島は于山島なる名で韓国領として認識されつづけてきたとする既存の主張は、一八九九年一二月一五日に大韓帝国学部編輯局から刊行された大韓全図に見える于山島（本書図6）もまた竹島のことを指すと述べる。ことは国家的領有意思の表明に関わる事柄である。大韓帝国学部編輯局刊行の地図に見える于山島が竹島のことを指すとした場合、鬱陵島郡守の管轄領域には竹島を含めるとする国家的な意思表明をした一九〇〇年一〇月二七日に、勅令のなかでなぜ「于山島」を使わずに「石島」などという名を使用したのだろうか。わずか一年前までは、国家的な領有意思を表明する際に「于山島」を使用していたのに、わざわざ地元民の一部が使用していたにすぎない「トルソム」の、しかも漢字表記として「石島」と表記できる可能性があるといった程度の島名を、わざわざ勅令で採用したのはなぜだろうか。

また、一九〇四年には鬱陵島の韓国人たちによってこの島が「独島」と書き示されていたことや、一九〇六年の大韓帝国官僚たちがこの島を文章中で「独島」と書いていたことも先述のとおり明らかである。勅令第四一号の「石島」が「独島」に合致するのだと考えるならば、一九〇〇年と一九〇四年、一九〇六年とのあいだでの表記の違いを如何にして整合的に説明しうるのか。

現在のところ、「石」を意味する韓国固有語の発音（トル）が、方言では（トク）と発音されて「独（トク）」に繋がる、とする音韻変化からの説明しか存在しないが、それは両者が合致することの可能性を示すものでしかない。

竹島漁業の展開

ところで、開拓当時の朝鮮人鬱陵島民の漁業は和布《わかめ》や海苔《のり》といった海草類に特化されていた。それが、「一九〇四年頃から……年々漁船が増加し、漁場開拓・漁法改良などによって水産活動が発展」（『東海の睡蓮花　鬱陵島』）するようになった、と当時鬱陵島に在住していた韓国人自らが記述する。そして一九三三年には鬱陵島内に一三六六人の朝鮮人漁業者を数えるまでになった。植民地化の進展に従って、鬱陵島の朝鮮人居住者で漁業に従事する者が飛躍的に増加したということである。

一方、竹島日本領編入ののち一九〇五年六月、島根県は中井ら四名に対して共同で竹島におけるアシカ猟許可を与えることとし、中井ら四名によってただちに竹島漁猟会社が設立され、事業が開始された。それは独占的漁業であったという。その後、竹島におけるアシカ猟の猟業権は遷移を重ね、一九二九年には隠岐・五箇村の八幡長三郎の手に渡った。そして、この年以後は、竹島におけるアシカ以外の漁業権は鬱陵島在住の奥村平太郎に委ねられた。

奥村平太郎はかねてから竹島経営を志しており、一九一一年頃から鬱陵島の漁民を二〇名足らず引き連れて竹島へ出漁し、鮑・サザエなどの密漁を行ってきたという。一九三八年平太郎の死後は、長男奥村亮が権利を譲り受け、一九四五年の敗戦まで出漁を継続した。一九四五年八月一五日をもって奥村亮が竹島漁業を中止すると、鬱陵島在住の奥村の使用人たちが事業を継承したようだという。

こうして植民地期を通じての竹島経営は、鬱陵島の日本人漁業者のごく一部によって独占的に行われつづけたのである。そうした日本人に雇用された朝鮮人のみが実際に竹島へ同行して漁業活動に従事した。戦後、鬱陵島在住日本人が本国へ引き揚げると、竹島への出漁は朝鮮人鬱陵島民の手に残された。こんどは彼らが主体的に竹島出漁を行うように変化したのである。

第七章　サンフランシスコ平和条約と政府見解の応酬

日韓の係争地"竹島"

DISPUTED TAKESHIMA ISLAND

『アサヒグラフ』（1953年９月16日号）

竹島への接触禁止

敗戦から半年を経た一九四六年一月二九日、連合国軍総司令部(GHQ)により「若干の外かく地域の日本からの政治上及び行政上の分離に関する覚書」(SCAPIN第六七七号)が発せられ、日本領域の特定地域に対し、日本政府による政治上または行政上の権力行使ないしは行使の企てが停止された。その特定地域のなかに竹島が含まれた。

ついで同年六月二二日、マッカーサーラインの設定に関する「日本の漁業及び捕鯨業許可区域に関する覚書」(SCAPIN第一〇三三号)が発せられ、竹島はそれら操業区域から除外されて日本船舶および国民が竹島と接触することが禁止された。

したがって、これら二つの指令ののちしばらくは、日本人が竹島へ接近することは法的にはありえなくなった。ただし、一九四六年以後にも日本人が竹島に接近した事例がいくつかあることは、川上健三が例示しているところである。

ところで、一九四七年七月二三日付『東亜日報』は、「鬱陵島近海「独島」問題再燃」とする見出しとともに、「鬱陵島東南四十九マイル地点にある二つの無人島である独島」について、「最近になって日本島根県境（鳥取県境港《さかいみなと》のこと——引用者注）に住む日本人が、同島を個人所有のものとして朝鮮人の漁業を禁止しており、……鬱陵島民たちは慶尚北道を介して軍政当局に陳情してきた」とする記事を掲載する。「日本人が、……朝鮮人の漁業を禁止」することに反対する陳情があった以上は、一九四七年の時点でも日本人の竹島漁業への関与がなくならなかったことが、この記事から第一にわかることである。

そして第二に、鬱陵島民たちは竹島を自分たちの島だと考えており、彼らの陳情に基づいて「独島」確保に対する国家的な対応が着手されたことがわかる。右の記事は「独島」について、「解放となった今日においては、地理的にも歴史的にも当然にわが版図内に属する」と述べ、「当然われらのもの／申国史館長談」として申奭鎬《シンソクホ》の談話を併載する。ただし、短い記事であるがゆえに「地理的にも歴史的にも当然にわが版図内に属する」ことの根拠は示されない。

一九四七年の「独島」調査

さて、右の『東亜日報』記事の見出しは「鬱陵島近海「独島」問題再燃」であった。「再燃」というからには、どこかの時点で一度問題化していたと見なしているはずである。記事を読み進めると「この島はいわゆる韓日合邦前の光武十年にも日本人官憲が不法上陸して調査を行っていったことがあり、その当時、朝鮮政府内外では紛々たる物議があった」とする部分に行きあたる。光武一〇年は一九〇六年だから、記事にいう「日本人官憲が不法上陸して調査」というのは、おそらく同年三月の神西由太郎らの鬱陵島訪問のことを指す。同様に「紛々たる物議」というのは、鬱島郡守沈興澤から春川郡守李明来に宛てた報告、李明来の報告を受けた内府大臣李址鎔の応答、議政府参政大臣朴齊純の指令等々を指すだろう。『東亜日報』は、そうした「紛々たる物議」が「そののちいわゆる韓日合邦となるや問題はうやむや」となり、日本人たちが「もともと自分たちの領土だ」と扱うようになったと述べる。つまり一九四七年の「再燃」は、一九〇六年に生じた問題の「再燃」というわけである。そして一九〇六年の神西由太郎鬱陵島訪問は、一九〇五年の竹島日本領編入が朝鮮官吏に対して直接伝えられた最初の出来事であった。

ところで、右の『東亜日報』記事の頃の朝鮮半島は、一九四五年八月一五日に植民地から解放されたものの、大韓民国樹立（一九四八年八月一五日）、朝鮮民主主義人民共和国樹立

(同年九月九日)に到る前の、まだ政情が落ち着かない時期にあたる。そうした最中にあってもなお、「独島」は「地理的にも歴史的にも当然にわが国の版図内に属する」と位置づけられ(『東亜日報』一九四七年七月二三日付)、「過渡政府においては同問題(「独島」の帰属問題——引用者注)を重大視し、民政長官を委員長とする独島に関わる捜索委員会を組織し」(同八月三日付)、八月四日には最初の委員会が開催されて「独島がわが版図であるという有力なる証拠品を確認した」(同八月五日付)。ここでいう「有力なる証拠品」とは「歴史的証拠文献と独島が江原道行政区域に編入されたとする日本人の地理学論文」というが、これらのうち「日本人の……論文」が後に韓国側主張に用いられる樋畑雪湖《ひばたせっこ》論文と推測されるほかは詳細不明である。

そして民政長官の指示のもと、同年八月一六日から約二週間にわたって「独島」の実地調査が行われた。その調査には、外務処日本課長秋仁奉《チュインボン》、文教部編修士李鳳秀、水産局技術士韓基俊および歴史学者申奭鎬らが参加した。

申奭鎬「独島所属について」

右の実地調査に参加した申奭鎬は、一九四八年に「独島所属について」を発表したが、それは独島を韓国領とする主張の最初の学問的整理であり、鬱陵島で新たに得られた史料をも併せて「独島が本来わが国に属する島であること」を論証しようとしたものである。その論点は、大きく以下の四点に整理できる。

まず、韓国側記録では「独島」が韓国領であることは一五世紀まで遡りうる。それは、朝鮮・成宗《ソンジョン》朝の史料に現れる三峰島が独島に該当すること、粛宗《スクチョン》朝に日本が竹島（鬱陵島）を朝鮮領と承認した際に独島もまた朝鮮領土として承認したこと、を根拠とする。

第二に、「独島」の名は一九世紀末における鬱陵島民によって活用され、その活用と関わって命名された。その根拠としては、鬱陵島庁保管の光武一〇年（一九〇六）三月五日付鬱陵郡守報告書に見える「本郡所属独島」なる記事を挙げ、高宗一八年（一八八一）の鬱陵島開拓以後に鬱陵島住民が命名し、東海のおよそ北方に孤立して存在する島の意と推測する。また、日本海軍省発行の朝鮮沿岸水路誌や鬱陵島の古老洪在現などの話によると、独島は鬱陵島開拓以後鬱陵島の人々が利用しており、朝鮮に属する島であることは明白だとする。

第三に、日本側史料にも「独島」が韓国領であることは明瞭だとする。先述の光武一〇年の鬱陵郡守報告書および帝国地名辞典その他日本地理学諸書によれば、日露戦争当時に日本が独島を強奪したことは明白であり、朝鮮沿岸水路誌、韓国水産誌など日本政府および準政府の記録や日本の民間学者樋畑雪湖は独島を朝鮮の属島として認定している。

第四に、マッカーサーラインである。現在、日本の漁区を確定しているマッカーサーラインは独島東方海上一二マイル地点を通過しているから、独島は朝鮮の漁区に属している。これら論点の多くは、一九五〇年代の日韓両政府間の見解往復を経て現在に到るまで、竹島を韓国領とする主張のなかで維持されている。申奭鎬による学問的整理は、論争の原点でもある。

サンフランシスコ平和条約の調印

一九五一年九月八日、サンフランシスコ平和条約（以下、「サ条約」と略す）が調印された。その第二条a項には「日本国は、朝鮮の独立を承認して、済州島、巨文島及び鬱陵島を含む朝鮮に対するすべての権利、権原及び請求権を放棄する」と記載された。ここで「放棄する」対象のなかに「竹島」は明記されなかった。

交戦国ではなかったことを理由に条約調印へ向けての作業に参加を認められなかった韓国は、調印の直前にあたる一九五一年七月一九日、駐米韓国大使からアメリカ国務長官に宛てて、サ条約第二条a項に日本が放棄する島名として「独島」を明記するよう求める要望書を提出した。これに対して八月一〇日、ラスク国務次官補から韓国大使に宛てて、韓国政府の要望は受け入れられないとする趣旨の回答書が出された。したがって、サ条約においては、その文面上は明記されていないものの、竹島を韓国領と認めるものではないことが明らかである。

一九五二年四月二八日にサ条約の発効とわが国の独立回復が予定されるなか、その日程に先行する同年一月一八日、李承晩韓国大統領は海洋主権宣言を行って、いわゆる李承晩ラインの内側に竹島を取り込んだ。同二八日、日本政府は海洋主権宣言に抗議を行い、二月一二日に韓国政府がそれに対する反論を行った。

韓国側の論拠は、SCAPIN第六七七号と同第一〇三三号（マッカーサーラインの設定）の二つであった。両指令の趣旨はいまだ有効であり、竹島は、日本政府による政治上・行政上の権力行使が停止された地域として残され、また日本人による操業が許可区域から除外されつづけている、との理解である。

四月二五日、日本政府は、そうした韓国側解釈の成り立たないことを述べて再度抗議を行い、また同日、マッカーサーラインが廃止された。そして同二八日、サ条約が発効し、わが国は独立を回復した。サ条約の解釈問題については、終章でも論じることとしたい。なお、同年七月二六日、日米行政協定に基づいて竹島が在日米軍の海上演習場のひとつとして指定され、このこともまた竹島が日本領である論拠として現在の日本政府見解でも述べられている。*

＊現在では、サ条約調印前の一九五一年七月、SCAPIN第二一六〇号によって竹島が米軍の爆撃訓練地域に指定されたことを日本政府として強調する。その指定がサ条約発効後の日米行政協定に基づく指定へと繋がるというのである。なお、一九五三年三月一九日、日米合同委員会において竹島は演習場区域から除外された。

第一回日本政府見解

それでは、以下、一九五〇年代における日韓両政府間における竹島問題をめぐる見解往復を跡づけてみよう（表4参照）。

一九五三年五月二八日、島根県水産試験船島根丸が竹島に韓国漁民がいるのを発見し、六月二二日、日本政府は口上書をもって韓国漁民の竹島上陸について韓国政府に抗議した。引きつづく七月一三日、竹島問題についての日本政府としての最初の口上書（以下、「日本政府見解」）が、韓国政府に宛てて送られた。これに対する韓国側の口上書（以下、「韓国政府見解」）は九月九日付で返送された（第一回韓国政府見解）。

右の第一回日本政府見解は、七項目に分けられてはいるものの、二回め以後に比べると簡潔で手短かなものである。そこではまず「これまでに日韓間において生じた紛争は鬱陵島に関わるものであって、現在の竹島については両国間で紛争となったことはかつて無い」と述

西暦	月日	出来事
1952	1月18日	李承晩韓国大統領による海洋主権宣言
	同月28日	日本政府，海洋主権宣言に抗議
	2月12日	韓国側口上書，SCAPIN677とマッカーサーライン（SCAPIN1033）を論拠とする
	4月25日	韓国側口上書に対する日本側反駁
	同日	マッカーサーライン廃止
	同月28日	サンフランシスコ平和条約発効
	7月26日	日米行政協定にもとづき，竹島が在日米軍の海上演習場のひとつとして指定される
1953	3月19日	日米合同委員会において，竹島を演習場区域から除外することが決定される
	5月28日	島根丸が竹島に韓国漁民を発見
	6月22日	日本側口上書，韓国漁民の件につき韓国政府に抗議
	7月13日	日本側口上書（第1回）
	9月9日	韓国側口上書（第1回）
1954	2月10日	日本側口上書（第2回）
	9月25日	韓国側口上書（第2回）
	同日	日本側，ICJへの付託を提案
	10月28日	韓国側，ICJへの付託を拒否
1956	9月20日	日本側口上書（第3回）
1959	1月7日	韓国側口上書（第3回）
1962	7月13日	日本側口上書（第4回）
1965	6月22日	日韓基本条約締結
	12月17日	韓国側口上書（第4回）

表4　日韓両政府の見解往復略年表

べ、「文献、古地図ほかによって明らかなように、現在の竹島は松島の名によって古くから日本人に知られ、そこから切り離すことのできない日本領の一部として認識されてきた」「国際法の見地からしても、竹島が日本の範囲に含まれることには些《いささ》かの疑いも存在しない」とする。そして以下のように論じる。

広く容認された近代国際法にしたがうならば、一国が領土を拡張して新たな領域に対する主権を確立するためには、その土地を自領の一部とする意志をもち、その上にたって有効な管理を施さねばならない。竹島の場合、日本政府は、韓国併合より前、明治三八年〈一九〇五〉二月二二日島根県告示四〇号によって島根県隠岐島司の管轄下に置いた。同時に、日本人中井養三郎は日本政府の公的許可を得て、雇傭《こよう》した漁師のための小屋を竹島に設置して、竹島周辺でのアシカ猟に着手した。それ以来、先の戦争の勃発時まで、竹島は日本人によって有効に活用されてきた。この期間中、竹島に対する日本政府の権限は、いかなる外国からも疑問視されることはなかった。

さらに日本政府見解はSCAPIN第六七七号・第一〇三三号いずれも竹島に対する日本の統治権を否定するものではないことを述べ、日米行政協定に基づいて竹島が米軍の演習場に指定されたことは日本領たる証明だともいう。

サ条約およびSCAPIN第六七七号・第一〇三三号の解釈

このときのサ条約およびSCAPIN第六七七号・第一〇三三号の解釈をめぐる日本側見解は、外務省条約局名で昭和二八年八月に公刊された小冊子『竹島の領有』に示されたものが土台となっており、その実際の執筆者は川上健三である。いま必要な部分を摘記しつつ、このときの日本政府見解を整理しておきたい。

まず、サ条約第二条a項にいう「朝鮮の独立を承認」するというのは、「日韓併合以前から日本領土であった土地」までも朝鮮に割譲する意味ではないことを述べる。竹島は「日韓併合に先立つ……明治三十八年（一九〇五年）既に島根県の所管に正式に編入」されたものだから併合前から日本領であり、サ条約によって「あらたに分離独立すべき朝鮮の版図」のなかに含まれるものではないというのである。

ついで、SCAPIN第六七七号については、その第六項に「この指令中のいかなる規定も、ポツダム宣言の第八条に述べられている諸小島の最終的決定に関する連合国の政策を示すものと解釈されてはならない」と明記されていることを指摘する。実際にも、同じ指令に基づいて日本政府の行政権が停止されてきた領域（南西諸島や奄美群島）についても、行政権の返還がなされているから、SCAPIN第六七七号による竹島の行政権停止措置は、その帰属とは無関係なことが明瞭だという。

またSCAPIN第一〇三三号（いわゆるマッカーサーライン）についても、その第五項に「この許可は、当該区域又はその他の如何なる区域に関しても国家統治権、国境線又は漁業権についての最終決定に関する連合国の政策の表明ではない」としている点に注意を喚起する。そしてサ条約発効の前にSCAPIN第一〇三三号は廃止されたのだから、この指令によって竹島の帰属を論じることはできない、とする。

これら日本政府見解に対する韓国政府見解第一回における反論は、その第六項でSCAPIN第六七七号の解釈に異論を唱える。SCAPIN第六七七号は日本の領土から竹島を除外するものであり、サ条約はSCAPIN第六七七号の条項と矛盾する如何なる規定ももたない。したがって、サ条約はSCAPIN第六七七号における規定に実質的変更をなさず、総司令部の処分を確認したものだ、と述べる。

また、第七項では、「竹島は、韓国が日本に併合される前に島根県の管轄下に置かれた」とする日本政府見解については、「合法的に島根県の管轄下におかれたものと認定し難い」とする。そして、韓国併合が行われていた時期を通じても「独島が鬱陵島の附属島と見なされており、鬱陵島の漁師によって管理されていた事実」に目を向けるべきだと述べる。

また、サ条約第二条a項が韓国領として明記する島嶼は「済州島、巨文島、及び鬱陵島」に限られていることについては、「これら三島を列挙したからとて、韓国沿岸の他の幾百の島々を韓国の領有から除外する事にはならない」と述べる。

なお、SCAPIN第一〇三三号については言及がない。また、日米行政協定に基づく竹島の演習場指定を日本領たる根拠とする主張に対しては、一九五三年二月二七日、竹島の演習場指定を除外することの通告が米空軍司令官から韓国政府に対して公式になされた事実を対置する（先述したように、日米合同委員会での決定は三月一九日）。

こうしたSCAPIN第六七七号・第一〇三三号の解釈をめぐる対立は、李承晩ラインの当否をめぐる見解往復以来のものであり、サ条約の解釈をめぐる対立を含めて、現在の日本パンフ、韓国パンフに到るまで変化しない。翻っていうと、これらの論点は一九五〇年代の頃から今日に到るまで基本的に変化がないということである。当初の見解対立がそのまま持ち越されて押し問答状態になっているのである。

第一回韓国政府見解

一九五三年七月の日本側第一回見解の骨子は、一九〇五年の竹島日本領編入が正当な行為であること、戦後直後の時期にはSCAPIN第六七七号・第一〇三三号によって竹島への日本人の接触が禁止されたものの、サ条約をもって竹島の日本領たることが確認された、とする主張である。文献や古地図を例示しての細かな主張ではない。

これに対して同年九月九日に出された韓国側第一回見解は、冒頭で日本政府第一回見解にいう竹島・松島といった島の名称問題は領有権問題とは無関係だと述べる。また、韓国の古文書及び史書において、独島は于山あるいは三峰島と呼称されており、「独島」なる名の由来を「岩」を意味する慶尚道方言と「離れ島」の意「独」とが一致するところに求める。そして、日本側第一回見解におけるサ条約とSCAPINの解釈への反論を除くと、さまざまな史資料を挙げての論証に基づいて自らの主張を展開するところに第一回韓国政府見解の特徴がある。

そして、それら主張の形成に深く関わったのが崔南善《チェナムソン》であろうと思われる。というのも、一九五三年八月一〇日から九月七日まで『ソウル新聞』に二五回にわたって連載された崔南善「鬱陵島と独島」の内容は、韓国政府見解と近似しているからである。

さて、第一回韓国政府見解の論点は大きく二点ある。ひとつは、韓国人が先に竹島を発見し、歴代の韓国政府が領土の一部としての領有意思をもって行政権を及ぼしてきた、という主張である。いまひとつは、一九〇五年の竹島日本領編入には正当性がないとする主張である。

前者については、『世宗実録』『粛宗実録』『東国輿地勝覧』などの前近代史料と沈興澤による二〇世紀の公文書を例示する。それらは具体的には、『世宗実録』蔚珍県条に「于山及び欝陵は本県の正東方海中に位置しこれら二島間の距離は余り隔たっていないため晴天の時は、互に望見し得る」なる記事があること、『東国輿地勝覧』一四七六年の記事中に見える金自周を長とする韓国独島調査団が三峰島へ向けて航海した記事があること、『粛宗実録』一六九六年の記事中に見える安龍福事件の記事によって鬱陵島および独島が韓国領であることを声明して日本船が近づかないよう厳重に警告を発したこと、一九〇六年欝陵島の郡守沈興澤が韓国政府に提出した公文書には「わが国に附属した島である独島……云々」とする箇所がある、という諸点である。これら諸事実を踏まえて、「独島……は韓国人によって発見され、且つ占有され、韓国領土の一部として領有する意図をもって実際上歴代の韓国政府が行政を行っていた」というのである。

後者については、国際法にいう「先占」によって、韓国併合より前に竹島を合法的に日本領とした（島根県の管轄下に置いた）という日本側主張が成り立たないことを述べる。それは第一に、日本領編入前にあっては竹島は無主地ではなかった（韓国領だった）から「先占」は成り立たないという主張である。とりわけ編入当時は、日韓議定書（一九〇四年二月）、第一次日韓協約（同年八月）によって、日本は如何なる韓国領土も自由に占有できた、そういう状況下で竹島を島根県管下においたのだから、それをそのままに容認できるものではないとする。

第二に、日本領編入は島根県告示でなされたから、政府間において直接に正常な外交手続を通じて合法的に通知されたものとは認めがたい。したがって、「日本の一地方官庁の単なる告示によって同島に対する韓国の主権は決して影響をうけるものではない」という。

そして第三に、日本政府は「先占」の根拠として中井養三郎による竹島経営を挙げるが、

『島根県誌』（一九二三年七月発行）第五章によれば、前記中井は独島が明らかに韓国領土の一部であると信じていた。また、一九〇四年一一月に軍艦対馬は「多数の鬱陵島住民が毎夏同島（竹島のこと――引用者注）に上陸し、小屋をたて、付近において漁業に従事する」旨を報告している。中井と軍艦対馬の事例によれば「独島を韓国が所有し、実際上韓国人によって統治されていた」ことは明らかだというのである。さらに樋畑雪湖は一九三〇年、雑誌『歴史地理』第五五巻六号において「竹島と欝陵島は現在韓国江原道に所属し日本海の中にあって韓国領土の境界では最東端である」（「日本海に於ける竹島の日鮮関係に就いて」）と述べているし、一九三三年日本海軍省編纂の朝鮮沿海水域調査第三巻「朝鮮海岸」からも同様の事実が証明される、と主張する。

また、これら主張を補うものとして地理的条件にも言及する。鬱陵島〜竹島（四九カイリ）と竹島〜隠岐（八六カイリ）を比較した上で鬱陵島から竹島が肉眼で目視できることを述べ、「継続して独島を実際に統治する上では同島から欝陵島までの距離が比較的短いということが必要とされるが、日本は決してかかる位置にはない」と述べるのである。

第二回日本政府見解

一九五四年二月一〇日付の第二回日本政府見解は、「韓国側がその主張を各種の資料に基き立証しよう」とするのは正しいが、「文献や事実の引用は不正確であり」「解釈も誤解にみちていて、韓国側主張の裏付けとなるものではない」と述べて、ひとつひとつ反証する。一方、日本政府自らも史資料に基づく論証を新たに提示するが、それらが川上健三の仕事に拠ることは、『竹島の領有』『竹島の歴史地理学的研究』の記述と照らし合わせると一目瞭然である。

まず韓国政府第一回見解への反論である。

そこでは、第一に、韓国側見解の挙げる金自周関連記事の典拠が誤りだと指摘し、『世宗実録』『東国輿地勝覧』等に見える三峰島・于山島は鬱陵島と一致するものであることを、史料を掲げながら仔細に論じる。また、『粛宗実録』の安龍福関連記事は、事情聴取記録という史料の性格上、内容には虚偽が多く、韓国側主張には根拠がないとする。

第二に、鬱陵島郡守沈興澤の報告書、中井養三郎の動向、樋畑雪湖論文、『朝鮮沿岸水路誌』、軍艦対馬の報告等については、いずれも韓国側主張の根拠とならないことを述べる。その際、沈興澤報告書については「正しい原文が示されていないので意見を述べることはできない」とし、『島根県誌』に中井養三郎が「朝鮮領土なりと思考し」云々と書いてあるのは編者の誤解だとする。また樋畑雪湖論文は事実認識の誤りだと述べ、「水路誌は使用者の便宜のために編さんされているものであり、島の帰属とは関係はない」とする。さらに韓国側のいう軍艦対馬の報告は引用が不正確であり、韓国側主張の裏づけとはなりえないとする。第三に、韓国側による日韓議定書・日韓協約の理解について異見を述べ、それらの規定と竹島の日本領編入とは無関係だと述べる。またSCAPINについても、第一回日本政府見解を再掲しつつ事例を追加し、SCAPINとサ条約とは無関係であると述べる。

次いで、日本政府による新たな論点提示である。

第二回日本政府見解は、次の引用文のように述べてから個別の論証へと進む。引用文のとくに「しかし開国以前の日本」以下の部分は、今日でも一言一句同じままに目にすることが再々あるから、これは竹島が江戸時代から日本領だと主張する際の常套句《じょうとう》である。

> 近代国際法上領土取得の要件として挙げられるものは、(1) 国家としての領有の意思、(2) その意思の公示、(3) 適当な支配権力の確立である。
> しかし開国以前の日本には国際法の適用はないので、当時にあっては、実際に日本で日本の領土と考え、日本の領土として取り扱い、他の国がそれを争わなければ、それで領有するには十分であったと認められる。

右に示された考え方を基礎にして、日本政府見解は、今日の竹島が江戸時代には松島として知られ、日本領と考えられて利用されていたことを、五つの文献史料（『隠州視聴合記』「大谷九右衛門勝信手記」「長崎奉行所宛大谷九右衛門勝房口上書」『竹島図説』『長生竹島記』）と二つの地図（鳥取藩主池田家旧蔵「竹島図」、長久保赤水「日本輿地路程全図」）を例示しながら述べる。とくに「竹島図」は公的性質をもち、今日の竹島について当時きわめて正確な地理的知識のあったことがわかると強調する。

一方、朝鮮王朝期には鬱陵島の「空島政策」がとられていたから、鬱陵島からさらにはるか沖合にある竹島にまで韓国側の経営の手が延びていたとは考えられない。したがって、「竹島は古く日本人に知られ、日本領土の一部と考えられ、日本人によって利用されていた反面、韓国側にはこれらの事実はなく、また韓国との間に同島をめぐって領土権の争われたこともないので、古くから日本の領土として認められる」と主張する。

次いで、一九〇五年一月の竹島日本領編入は、閣議決定によって国家的領有意思の確認が行われ、同年二月の島根県告示によって国家的領有意思の公示が行われた。島根県告示は国際法上の公示要件を満たしている。また、島根県知事松永武吉《まつながたけきち》と島根県第三部長神西由太郎が、それぞれ一九〇五年八月と翌年三月に竹島を実地調査しており、一九〇五年五月には竹島が官有地として土地台帳に掲載された。

さらに竹島のアシカ漁業は、島根県の免許交付により一九〇五年から一九四一年まで継続され、免許者からは毎年土地使用料が国庫に納入された。これら諸事実から、日本が竹島に対し継続的に支配権を行使したことが明らかであり、近代国際法から見ても日本の竹島領有の要件は完全に具備されていると主張する。

最後に日本政府見解は、一九〇五年前後の韓国人が竹島を韓国領と考えていなかったことを、『大韓地誌』(一九〇一年刊)、『韓国痛史』(一九一五年刊)の記述を挙げて述べる。すなわち両書ともに韓国領土の東限を東経一三〇度三五分としているから、ここに竹島が含まれないことは明瞭だというのである。*

*ここでいう東経一三〇度三五分といえば鬱陵島より西側にあたる。もしこれが韓国領土の東限と考えられていたとすると、鬱陵島もまた韓国領とは認識されていなかったということになる。しかしながら、それこそ数多くの文献上、鬱陵島は朝鮮王朝領・大韓帝国領とされていたことは明白であり、『大韓地誌』等に記載された経度のみによってそうした領土認識が否定されるはずもない。この「東経一三〇度三五分」という数字に何らかの錯誤があると考えるほうが素直であろう。政府間の見解往復に際して、こうした揚げ足取り的な言辞を用いていたことは、たいへん残念である。

前近代の論証をめぐる攻防

さて、ここまでの見解往復で論点はほぼ尽きており、この後の見解往復は既出の論点をめぐる攻防の繰り返しである。論点ごとに推移を概観しておこう。

まず、前近代の史資料を掲げての論証に関わってである。

『世宗実録』『東国輿地勝覧』および安龍福事件に関わっては、一九五四年九月二五日付の第二回韓国政府見解は、『世宗実録』『東国輿地勝覧』に「互いに望見すべし」とあり、于山島と鬱陵島は別の島であることを再説する。また、安龍福関連記事は『文献備考』にも引用される事実であるとし、元禄竹島一件ののち日本は鬱陵島と于山島に対する韓国の領有権を確認したこと、韓国政府はその後三年おきに捜討使を派遣したことを述べる。また、天保八年（一八三七）には石見国浜田藩の八右衛門を処刑したが、これは元禄竹島一件の結論を踏まえてのことだとする。

これに対する一九五六年九月二〇日付の第三回日本政府見解は、『太宗実録』巻三三（一四一七年）には于山島に八六人が居住するとの記事があるから于山島は今日の竹島ではなく、于山島と鬱陵島が別の島というのは疑問だと述べる。また安龍福発言については、日本側史料と照合すれば作為のあることが明白だとする。さらに三年に一度の捜討使派遣は鬱陵島までのものであり、天保竹島渡海禁令は鬱陵島を対象としたものであって、松島（竹島）への渡海は何ら問題がなかったと反論する。

さらに一九五九年一月七日付の第三回韓国政府見解は、日本政府見解が『世宗実録』『東国輿地勝覧』の注記を論拠に一島説を主張するものだとし、二島として認知されていた史料に依拠して于山島・鬱陵島がそれぞれ別の島であることを再度強調する。また、文献に見える于山国には鬱陵島・于山島の二島が含まれること、官撰地誌に二島が掲載されている以上は国家の領土として見なされていたことが確実だとする。また、安龍福事件の衝撃によって日本人が当該方面への出漁を禁じられたと述べ、天保期の八右衛門の行為は一種の侵寇《しんこう》行為だと論じる。

第二回日本政府見解が、江戸時代には松島（竹島）が日本領と考えられて利用されていたことを五つの文献と二つの地図を挙げて論じたことについては、第二回韓国政府見解は、それらが日本による鬱陵島海域侵略時代（一六一四〜九七年）のものだから証拠としては無効であると述べ、また正確な地理認識をもつことと領有権問題とは無関係だとした。その上で、鳥取藩領民の竹島（鬱陵島）渡海事業については、将軍が一六一八年に竹島渡海許可の朱印状を発給したことをもって外国領たる証拠だと述べる。それは朱印船貿易を念頭に置いてのことである。また、右の朱印状は鬱陵島への出漁許可であり、竹島支配を認めたものではないともした。

これに対する第三回日本政府見解は、先回は史料名を掲げるに留まった『隠州視聴合記』

『竹島図説』『長生竹島記』それぞれの内容に踏み込んで再説した。すなわち、『隠州視聴合記』は鬱陵島をもって日本の西北限界と見なしていること、『竹島図説』には「隠岐国松島」とあり、『長生竹島記』には松島が本朝西海の果てだと記述することを指摘する。また鳥取藩提出の「竹島図」は正確であり、当時の日本人が竹島を熟知していたことは明らかだとする。また竹島渡海に関わって大谷・村川両家が将軍から得たのは朱印状ではなく渡海免許だと韓国側見解を訂正した上で、一六一八年から鬱陵島への渡海が始まり、その途次、竹島へ立ち寄るようになったこと、一六五六年以前に松島への渡海免許が発給されたと論じる。

一方、第三回韓国政府見解は、竹島渡海免許発給や地理的に熟知していたことは領有問題とは関係ないと述べ、また『隠州視聴合記』の日本政府解釈は誤りであり、同書は隠州が日本の西北限界だと述べていると反論した。

近現代の論証をめぐる攻防

第二回日本政府見解に対し、第二回韓国政府見解は以下のように述べる。日本側が「正しい原文が示されていないので意見を述べることはできない」とした沈興澤報告書については、韓国政府が公文書として保管している旨を述べ、中井養三郎が竹島を朝鮮領と信じていたとする『島根県誌』の記事は編者の誤解だとした点については、日本に不利な記述のみが誤解というのは理解しがたいと反駁する。また軍艦対馬の航海日誌を再掲し、さらに水路誌については『日本水路誌』と『朝鮮沿岸水路誌』の記載内容を比較して、水路誌に島の帰属が述べられていることを再説した。そして日韓議定書・日韓協約については日本の侵略計画の一環であるとの評価を繰り返した。なお、第二回韓国政府見解は、樋畑雪湖論文には触れなかった。一方、これらについて第三回日本政府見解は一切反応を見せない。

次に一九〇五年の島根県告示について、第二回韓国政府見解は、侵略主義的政策であり先占の要件を満たさないこと、秘密裏になされたものであって国家の意思表明ではないと批判する。また、『大韓地誌』『韓国痛史』は概論だから個別島名に言及しないのは当然だと述べ、新たに田淵友彦『韓国新地理』(一九〇五年)と『朝鮮沿岸水路誌』(一九〇七年)を挙げて、韓国の地理を扱った前者に「りゃんこ島」が記載されていること、後者には韓人が「独島」と書いたと記録されていることを指摘した。それらの記述を踏まえると、一九〇五年前後の時期に竹島が日本領の一部であったとする主張は成り立たないと述べるのである。

これらに対する第三回日本政府見解は、一九〇五年の閣議決定および島根県告示は先占の要件を満たしていることを再説し、竹島がそれより以前に韓国領であったという何らの証拠もないことを強調する。より具体的には、一八八七年頃から隠岐島民が竹島でアシカ猟・鮑漁を開始して一九〇三年頃から本格化したが、そうした際にも韓国側が同島を占拠したり行政権を施した証拠はないではないか、というのである。また、『韓国新地理』『朝鮮沿岸水路誌』はいずれも日本側資料であり、これらによって竹島が島根県編入以前より韓国領であったかの如く述べるのは、直接的な証拠としては無効だとする。

一方、第三回韓国政府見解は、一九〇五年に日本領に編入した事実は、編入する以前は日本領ではなかったことを意味すると論じている。

最後の見解往復

日本政府は一九六二年七月一三日付で四回目の見解を提示した。結果的にこれが日本政府見解として最後のものとなる。その冒頭部分では次のように述べる。

（1）日本国政府は、竹島が古くより日本固有の領土であると従来から明らかにしてきたが、この立場をここに再び強調するものである。

（2）そもそも、国際法上、ある地域が古くより一国の固有の領土であるか否かについては、その国が問題の地域について、これをいかに実効的に支配経営してきたかが最も決定的な要素となるものである。日本は古くより竹島についての正確な知見を有し、これをその領土として実効的に支配経営してきた。このことについて、日本国政府は従来の見解においてくりかえし多くの具体的証拠をあげて立証してきたにもかかわらず、韓国政府はその事実を十分に認識することなく誤った主張を固執しているので、今一度日本がいかに古くより実効的に竹島を支配経営してきたかの事実をまとめて記述すれば、次のとおりである。

右の引用文にも明らかなように、この政府見解は総括的な意味をもって作られたものである。内容から見れば、第三回日本政府見解を主たる下敷きにして、それまでやりとりされた両国政府見解の必要部分を再引用しながら、部分的には新たな論証を付け加えて日本側主張を補強したものである。

したがって第四回日本政府見解の基幹部分は第三回日本政府見解と同じだから、重複を避けて注目点にのみ触れておく。今回、新たに付け加えられたのは、明治一〇年頃における外務省記録局長渡邉洪基の見解を詳細に取り上げたことである。渡邉は、「わが松島なるものは洋名「ホルネットロックス」なるがごとし、……このホルネットロックスのわが国に属するは各国の地図みな然り」などと述べており、この部分だけを見れば明治一〇年頃に今日の竹島を日本領と見なす外務官僚がいたという論証になる（本書第五章）。また『隠州視聴合記』については、史料引用を行いながらも、日韓間で論争となった日本の西北境界を示す箇所についても引用も解釈も避けている。さらに、中井養三郎が竹島を朝鮮領と信じていたとする記事と水路誌の評価については、第三回日本政府見解に引きつづき黙殺を決め込んだ。

ところで、先の引用文には「日本固有の領土」「固有の領土」なる語が現れる。これが、竹島について「日本固有の領土」であると述べる初見史料である。そして日本政府第四回見解は、「古くより一国の固有の領土であるか否か」は、「その国が問題の地域について、これをいかに実効的に支配経営してきたかが最も決定的な要素となる」とする観点から竹島の歴史について叙述する。したがって、「竹島は日本固有の領土である」とする観点に立って日本政府見解を全面的に展開したものといえる。ただし、この第四回見解で述べられた「竹島は日本固有の領土である」の意味内容は、現在における用法とは全く異なっている点に注意が必要である。この違いがもつ意味については章を改めて述べることとしよう。

一方、第四回韓国政府見解もまた最後の見解である。それは、第四回日本政府見解から遅れること三年半、一九六五年六月二二日の日韓基本条約締結をまたいで同年一二月一七日付で明らかにされた。その韓国政府見解はきわめて手短かなもので「過去多くの機会で議論の余地なく明らかになったように、独島は大韓民国不可分の領土であり、その合法的な管轄権行使の下にある。独島領有権に関し、日本政府によるいかなる申し立てもまったく考慮に値しない」と述べて、日本政府見解の再考を求めるものである。具体的な論証・反駁は一切見られない。

こうして竹島をめぐる論争は、政府間では棚上げされることとなった。竹島問題の解決は日韓基本条約締結の過程でも模索されたが解決には到らず、「解決せざるを以て解決したと見なす」なる方便に従って棚上げすることこそが、当時残された次善策だったからである。

終章　「固有の領土」とは何か

外務省の竹島問題フライヤー

竹島領有の認識

本章では、これまでに述べてきたことを簡潔に再確認し、また十分に触れられなかった論点について補いながら、論争の現段階について総括的な整理を試みたい。

まず、韓国前近代の文献史料や古地図中に「于山」「于山島」がしばしば現れる点についてである。これら「歴史的文献に現れる「于山」「于山島」がすべて竹島を指す」とする韓国側の主張は実証的に成り立たない。それが竹島と合致しえない「于山」「于山島」をいくつも指摘できるからである。「于山」「于山島」を根拠にして、六世紀から今日に到るまで竹島が韓国領でありつづけたとする主張は成り立たない（本書第一章）。

次いで、寛永二年（一六二五）の竹島渡海免許をもって、江戸時代に竹島（鬱陵島）が日本領になったなどということは主張できない。これはあくまで渡海免許であり、しかも署名した老中の一人は竹島（鬱陵島）が朝鮮領であることを認識していた可能性がきわめて高い。そして松島（竹島）は、竹島（鬱陵島）渡海の途次にあたることから竹島（鬱陵島）と併せての活用がなされたのであって、松島（竹島）渡海だけを目的とする幕府免許は発給されなかった。したがって日本が「一七世紀半ばには、竹島の領有権を確立」していたなどということは、全くありえない（第二章）。

さらに、元禄竹島渡海禁令（一六九六年）をもって、鳥取藩領大谷・村川両家による竹島（鬱陵島）渡海の歴史は幕を閉じた。松島（竹島）渡海は、竹島（鬱陵島）渡海なしに単独で存立することはありえなかったから、これまた歴史の幕を閉じた。幕府も大谷家もともに、元禄竹島渡海禁令を「竹島・松島両島渡海禁制」と了解していたのは明らかだから、仮に百歩譲って「一七世紀半ばには、竹島の領有権を確立」していたのだとしても、「一七世紀末をもって、わが国は竹島の領有権を放棄した」ことは否定しようがない。元禄竹島（鬱陵島）渡海禁令ののちも松島（竹島）への渡海だけは継続したなどということは、ありえない。一方、元禄竹島渡海禁令後に発生した安龍福事件をもって、日本漁民に向けて竹島を朝鮮領と主張した朝鮮人がいたなどと論じることはできないし、元禄竹島渡海禁令をもって幕府が松島（竹島）を朝鮮領と認定したなどという史実も存在しない（第三章）。

また、全国法令として津々浦々まで知らしめられた天保竹島渡海禁令（一八三七年）でも、継続して日本人の松島（竹島）渡海が禁止された。さらに、明治九年（一八七六）に島根県から提出された「日本海内竹島外一島地籍編纂方伺」と、それに対する翌年の太政官による指示に従えば、このときの日本政府は、中央政府レベルでの主体的な検討と判断の結果、竹島（鬱陵島）・松島（竹島）は両島ともに「本邦関係これ無き義と相心得べきこと」と指示したことが明らかである。竹島（鬱陵島）・松島（竹島）は日本の版図外と確認された（第四章）。

ところで、江戸時代日本図における竹島（鬱陵島）・松島（竹島）の記載や彩色の有無に依拠して確実に言えるのは、両島は常に一括して扱われたという一点だけである。松島（竹島）が日本領であったか否かを論じることは不可能である。また、地誌の記載も、それだけを取り上げて日本領であったか否かを論じることはできない。地図・地誌はあくまで補助史料の位置を脱しえない。竹島（鬱陵島）・松島（竹島）の領有問題と関わって論じることができる日本地図は、幕末期に完成された「官板実測日本地図」だけである。この地図には竹島（鬱陵島）も松島（竹島）も記入されないが、その経緯に関わる幕府内部での議論がはっきりとわかるからである。この地図では、明らかに両島は日本領から除外された。

また近代になって作成された海図・水路誌は、それ自体は領土・領海の確定を目的とするものではないが、領土・領海が図中に示されていることは確かである。したがって、海図・

水路誌の記載変化を追うことにより、一九〇五年の竹島日本領編入以前においては、リアンクール列岩（竹島）は日本領と見なされていなかったことが明らかになる（第五章）。

国家的領有の確立と争論

朝鮮政府による鬱陵島開拓令（一八八二年）を契機に朝鮮人の鬱陵島定住が次第に進み、また、朝鮮政府の抗議にもかかわらず日本人の鬱陵島〈竹島・松島〉定住も進んだ。そして、竹島〈独島・りゃんこ〉はアシカ猟をはじめとする漁撈の場として日本人・朝鮮人それぞれによって「発見」され、鬱陵島を起点とする竹島利用が始められた。

こうしたなか一九〇三年からりゃんこ島でのアシカ猟に着手していた中井養三郎が、同島におけるアシカ猟の独占的経営を図るために、大韓帝国政府に対してりゃんこ島の貸し下げ願いを提出しようとした。中井はりゃんこ島を朝鮮領と考えていたからである。しかし、肝付兼行海軍水路部長の示唆を受けて翻意し、貸し下げ願いを日本政府に提出した。これがりゃんこ島日本領編入の直接的な契機である。

りゃんこ島の日本領編入と竹島命名は一九〇五年一月の閣議決定をもってなされ、同年二月に島根県告示四〇号で公にされた。鬱陵島の韓国官僚たちはそうした措置を知らず、〇六年三月の島根県の神西由太郎らの鬱陵島訪問時に初めて知った。ただし、島根県告示での領土編入通告は有効なものであって違法ではない。また、このとき韓国政府の中央官僚たちは「独島が日本領だという根拠はない」とする発言を残しているが、事態がただちに覆ることはなかった。そして一九四五年八月一五日をもって竹島漁業が中止されるまで、日本人を主体とする竹島経営が持続的に行われた。

一方、竹島日本領編入に先立つ一九〇〇年一〇月、鬱陵島行政に関わる大韓帝国勅令第四一号が頒布・施行された。その第二条のなかに欝島郡の管轄領域を「欝陵全島と竹島・石島を管轄する」とあり、ここにいう「石島」が独島に該当する、と韓国では主張する。したがって、日本の竹島編入は国際法に反して無効だという主張となるが、「石島」と独島の一致が直接に証明されたことは、これまでに一度もない。なお、文献上の「独島」の初見は一九〇四年九月であり、「竹島」命名のなされた一九〇五年一月よりも早い（第六章）。

ところで、戦後まもなくの一九四六年一月、SCAPIN第六七七号によって、竹島に対する日本政府の政治上または行政上の権力行使（行使の企て）が停止された。同年六月、SCAPIN第一〇三三号によってマッカーサーラインが設定され、日本船・日本人の操業区域から竹島が除外された。その一方で、一九四七年八月、朝鮮過渡政府に民政長官を委員長とする独島捜索委員会が組織され、「独島が本来わが国に属すること」の論証作業が始められた。その後、一九五一年九月、サンフランシスコ平和条約（以下、「サ条約」と略す）が調印され、五二年四月にサ条約の発効とわが国の独立回復が予定されるなか、五二年一月、李承晩韓国大統領は海洋主権宣言を行って、李承晩ラインの内側に竹島を取り込んだ。同年四月にマッカーサーラインが廃止され、引きつづきサ条約が発効してわが国は独立を回復した。先の海洋主権宣言に対する日本政府の抗議に端を発し、より直接的には一九五三年五〜六月に韓国漁民の竹島上陸を発見、抗議したことを契機として、一九六五年まで四往復にわたって竹島領有権をめぐる日韓両政府間の見解往復がなされた。その間、一九五四年頃から韓国側は実力による竹島の占領維持を開始し、現在に到る。一方、見解往復自体は、一九六五年六月二二日の日韓基本条約締結を越えて同年一二月一七日をもって途切れることとなった。その後しばらくは、この議論は棚上げされたのである（第七章）。

サ条約の竹島関連条項

一九五二年四月にサ条約が発効して、わが国の独立が回復された。それは、全世界のあらゆる国との間で締結されたものではなかったものの、その締結と発効によってわが国の主権回復と国際社会への復帰が成し遂げられ、現在に繋がっていることは間違いない。そうした観点からすれば、サ条約における領土規定は、現在のわが国の領土を確定する上で重要な位置を占めている。そして、竹島に関しては、サ条約の第二条a項に「日本国は、朝鮮の独立を承認して、済州島、巨文島及び鬱陵島を含む朝鮮に対するすべての権利、権原及び請求権を放棄する」と記載されたものがすべてである。

この条項に日本側が放棄すべき島嶼名として竹島が挙げられていないことについて、韓国政府としてはSCAPINとの連続性から説明することを第七章で述べた。そうした連続性をもたないことは日本政府見解を待つまでもないが、現在、韓国でも研究者レベルでは連続性をもたないとする理解が広がりつつある（池内［二〇一二］）。SCAPIN第六七七号・第一〇三三号と連動させてサ条約の条文を解釈することは難しいということは、日韓双方でも合意に到りつつあると見てよいのではあるまいか。

したがって、サ条約の解釈に関わって留意すべきは次の点となる。

サ条約第二条a項における竹島の帰属に関わる表記は、表5に整理したような変遷をたどることが明らかにされている。一九四七年三月から四九年一一月までの五つの草案では竹島が韓国領に含まれることが明記された。四九年一二月二九日の草案では、反対に、日本領に含まれることが明記された。五〇年八月の草案以後は、いずれの国に属するかは明記されなくなり、その方式はそのまま調印条文に引き継がれた。サ条約第二条a項に竹島の名が記されない由縁である。

ところで、第七章でも触れたとおり、サンフランシスコ平和条約調印の直前にあたる一九

	年月日	米国草案	英国草案	竹島に関する記述
1	1947.3.19	◎		日本が放棄する島嶼として竹島を明記
2	1947.8.5	◎		〃
3	1948.1.8	◎		〃
4	1949.10.13	◎		〃
5	1949.11.2	◎		〃
6	1949.12.8	○		日本の領土として竹島が明記
7	1949.12.19	○		韓国の領土として独島が明記
8	1949.12.29	◎		日本の領土として竹島が明記され，韓国の領土として独島が含まれない
9	1950.1.3	○		〃
10	1950.8.7	◎		竹島の帰属に関する記述なし
11	1950.9.11	◎		〃
12	1951.2.28		◎	日本の西北境界は，隠岐・竹島・鬱陵島・済州島
13	1951.3.12	○		竹島の帰属に関する記述なし
14	1951.3.17	◎？		〃
15	1951.3		◎	竹島は日本領外
16	1951.4.7		◎	〃
17	1951.5.3	◎	◎	竹島の帰属に関する記述なし
18	1951.6.14	◎	◎	〃
19	1951.7.3	○		〃
20	1951.7.20	○		〃
21	1951.8.13	○		〃
22	1951.9.8	◎		〃　＊署名された最終テクスト

表5　サンフランシスコ平和条約の草案と草案中の竹島

注：表中の○は，米国草案・英国草案いずれに該当するかを示す．両欄に○印があるものは米英共同草案．なお，◎は塚本［1994］で史料提示がなされたか言及がある草案を示す．

出所：池内［2012］表13－1，298頁．

五一年七月一九日、韓国大使からアメリカ国務長官に宛てて、サ条約第二条a項に日本が放棄する島名として「独島」を明記するよう求める要望書が出された。これに対して同年八月一〇日、ラスク国務次官補から韓国大使に宛てて韓国政府の要望は受け入れられないとする趣旨の回答書が出された（ラスク書簡）。また一九五四年に韓国を訪問したヴァン・フリート大使の帰国報告書には、米国の立場としては、竹島は日本の領土であり、サ条約で放棄した島々のなかには含まれないと述べている。これらについて韓国パンフは触れないが、日本パンフは、一三〜一四頁と一七頁でラスク書簡とヴァン・フリート大使の報告書を挿図を添えて取り上げる。サ条約に竹島が日本領であることが含意されていることは、アメリカの説明にもあるようにきわめて明快だ、ということになる。

問題の焦点

以上の整理を踏まえると、本書がここまでに明らかにしてきたことは、竹島／独島が自国領であるとする論証のうち前近代史部分については、日本領・韓国領いずれの主張にとっても意味がないということである。それは、提示された論証が学問的にはまるで成り立たなかったり、あるいは示された歴史的事実が現在の領有問題とは無関係だったりするからである。

竹島問題を考える際に注意すべき時期は一九〇〇年をまたいだ約一〇年ほどである。この時期に、鬱陵島在住の日本人・朝鮮人双方が竹島／独島への出漁に意義を見出し、「ヤンコ」という日韓漁民の共通命名ないしは「りゃんこ」（日本人漁民）なり「独島」（鬱陵島在住朝鮮人知識層）なりの名づけを行って、それぞれなりの領有意識を芽生えさせ、ときに中井養三郎のように排他的独占へ向けて具体化を進めていく者があった。

一方、一九一〇年八月二九日に韓国併合条約が発効してから四五年八月一五日の敗戦に到るあいだは朝鮮半島も日本の一部となったのだから、この期間の竹島が、日本列島と朝鮮半島とを併せた「日本」の領土であったことは論じるまでもない。そして、その期間における竹島の活用に際して日本人が朝鮮人を雇用しながら行っていたことが明らかであり、第三期島根県竹島問題研究会編［二〇一四］冒頭のグラビアページにも、竹島における漁業の合間に撮影されたであろう白黒写真にチマチョゴリ姿の朝鮮人女性（おそらくは海女《あま》）が何人も見える。

なお、念のためだが、この三六年のあいだ朝鮮人は日本人であった。この期間の竹島は、日本人と当時日本人とされた朝鮮人との双方によって利用された「日本領」だったのであり、当時の「日本人」による利用実態が、日本と朝鮮が分離したのちにも日本領であることを論証する根拠とはなりえない。*

＊二〇一五年八月、山谷えり子領土問題担当相が記者会見を行い、竹島および尖閣問題に関連するデータベース化した資料について、「(同月) 二八日から資料ポータルサイトを通じて閲覧できる」と発表し、掲載された資料は「竹島と尖閣諸島を日本が戦前から統治したことを示す約二〇〇点」と述べたという。これは、植民地支配を行っていた大日本帝国と敗戦後の日本国との区別もなく「日本」と表記することによって、重大な錯覚と勘違い(ないしは見落とし)を犯し、誘導するものではないか。公開されたわが国内閣官房・竹島ポータルサイトは、http://www.cas.go.jp/jp/ryodo/shiryo/takeshima である。なお、このサイトには植民地期の竹島に関連する写真が六枚掲載されているが、先述のチマチョゴリ姿の朝鮮女性の写真は含まれない。

一九四五年八月の敗戦によって独立を失ったわが国は、GHQの指示によって竹島への接近を禁じられた数年間を経て、五二年のサンフランシスコ平和条約発効により独立を回復した。サ条約発効の直前における韓国側の実力行使によって竹島は韓国に占拠されるに至ったが、明文規定はないながらもサ条約そのものは竹島を日本領と含意するものであった。したがって、サ条約を取り巻くさまざまな発言のなかに竹島は日本領だとする内容を再々見出せることと自体は、何ら怪しむに足らない。

問題は、サ条約はいったい何を根拠にして竹島を日本領と判断したか、である。現在までのところ、その点を明らかにしうる唯一のよりどころはラスク書簡しかない。そして次項で述べるように、ラスク書簡は一九〇五年の日本領編入を中心的な論点とみなしている。そうである以上、竹島問題の最大の争点は、一九〇五年の日本領編入をどのような歴史的事実としてきちんと評価するかにかかっているのである。

ラスク書簡と一九〇五年前後の史実

ラスク書簡は次のように述べている。

ドク島、又は竹島ないしリアンクール岩として知られる島に関しては、この通常無人島である岩島は、我々の情報によれば⒜朝鮮の一部として取り扱われたことが決してなく、⒝一九〇五年頃から日本の島根県隠岐支庁の管轄下にあります。⒞この島は、かつて朝鮮によって領土主張がなされたとは思われません。

右のうち⒝については、事実としてはそのとおりである。また、⒜⒞についても、それを明確に否定しうるだけの韓国側公文書が現在までに提示されたことはない。大韓帝国勅令第四一号では何とも不足である。そうしたかたちある証拠に依拠する限りでは、ラスクの認識は妥当である。しかしながら、本書第六章で述べた一九〇五年前後における竹島をめぐる史実を想起するときに、手放しで「ラスクの認識は妥当だ」と言って済まされないものを感じるのである。

一九〇五年一月に竹島日本領編入を閣議決定することになる直接的な要因は、前年秋の中井養三郎による「りゃんこ島貸し下げ願い」であった。既述のとおり、はじめ「りゃんこ島」を大韓帝国領と考えていた中井は韓国政府に貸し下げ願いを提出しようとしながらも、海軍水路部長肝付兼行の助言にしたがって翻意し、日本政府宛に貸し下げ願いを提出した。このとき肝付兼行が行った助言は、残された三つの中井履歴に以下のとおり三様に現れる。

㋐同島の所属は、確乎たる徴証なく、ことに、日韓両本国よりの距離を測定すれば、日本の方十浬近し、加ふるに、日本人にして、同島経営に従事する者ある以上は、日本領に編入する方然るべしと（池内［二〇一二］二六五頁引用史料G）

㋑同島の所属は確乎たる徴証なく、ことに、日韓両本国よりの距離を測定すれば、日本の方十浬の近距離にあり（出雲国多古鼻より百〇八浬、朝鮮国トッドネル岬より百十八浬）、加ふるに、朝鮮人にして従来同島経営に関する形迹なきに反し、本邦人にして既に同島経営に従事せるものある以上は、当然日本領に編入すべきものなりと（池内［二〇一二］

二六六頁引用史料H、拙著引用時の誤字を訂正）
㋒時ノ水産局長牧朴眞ノ注意ニ由リテ必ラズシモ韓国領ニ属セザルノ疑ヲ生ジ……時ノ水路部長肝付兼行将軍断定ニ頼リテ本島ノ全ク無所属ナルコトヲ確カメ（池内［二〇一二］二六六頁引用史料I）

それが韓国領ではないかと考える相談への返答なのだから、㋐〜㋒の波線部分は同義と考えてよい（㋒は厳密にいえば牧朴眞の見解）。「りゃんこ島」が韓国領だとする明確な証拠はない、とするのが助言の第一の内容である。

肝付兼行は水路部長として永らく海図・水路誌の編纂に責任を負い、海図・水路誌のいずれからも領海を読み取ることができると了解してきた人物である（本書第五章で引用した『日本水路誌』第五巻の序文を書いている）。そして、海図・水路誌では「りゃんこ島」が日本領外の扱いであったことも先述したところである。一九〇四年末までに見ることができた『日本水路誌』『朝鮮水路誌』の記載を虚心に比較検討できたとすれば、肝付には、「りゃんこ島」が一貫して日本領外の扱いであり、朝鮮領扱いの可能性すら読み取り可能だと了解できたはずである。また、当時得られる限りの海図の記載を相互に丁寧に突き合わせて点検したとすれば、同様に「りゃんこ島」が日本領外の扱いであったことは了解できたはずである。

ただし、海図の場合、とりわけ単体で眺めた場合には、国境線が書き込まれているわけではないので朝鮮領と確定できたりはしない。

ところで、「竹島外一島」を本邦関係これなしとする一八七七年の太政官指令について、一九〇五年の半ばには地理学者の田中阿歌麿がその内容を学術誌に公刊していたことも先述した（第四章）。田中が当該指令を知った経緯はわからない。しかしながら、政府外の者が承知していた太政官指令を政府内部の者が知らないとするのもいささか奇妙である。とすれば、「外一島」すなわち現在の竹島を、日本領ではないが朝鮮領と明記したわけでもない一八七七年の太政官指令は、肝付による助言の根拠として十分にありえるのである。

そうした前提を踏まえた上で、第二に日韓両本国よりの距離が、第三に当該島の経営の現状が、助言内容となった。前者では距離の測定に際して鬱陵島や隠岐諸島を起点としないところに、後者では単なる漁撈ではなく「経営」を判断基準に据えたところに、日本領であると述べたい意図がにじみ出ているようである。そしてこうした助言に従って、中井は日本政府に対して「りゃんこ島」貸し下げ願いを提出し、それが直接的な契機となって一九〇五年一月の竹島日本編入の閣議決定へと至り、同年二月の島根県告示で竹島が日本領となったことが公表された。

領土編入の事前照会と事後通告

新たな領土の獲得に際し、関係各国を含めた国際的な通知を行わずとも、国内向けの告示であれ公表しさえすれば合法であると考えられている。したがって、竹島の日本領編入を韓国側に報せなかったことが領土編入行為それ自体を無効にするわけではない。しかしながら、竹島日本領編入を行った一九〇五年を前後する時期に生起した諸々の史実を振り返ったときに、釈然としないものを感じざるをえない。

再三の繰り返しになるが、閣議決定の直接の前提は中井養三郎による「りゃんこ島の貸し下げと領土編入願い」である。韓国領かもしれないと懸念する中井に対して「同島の所属は確乎たる徴証なく」㋐㋑と言い、「必ラズシモ韓国領ニ属セザルノ疑ヲ生ジ」㋒と言うが、そうした発言がなされること自体、その島がひょっとしたら韓国領かもしれないという疑念が、海軍や農商務省、内務省、外務省の官僚たちのあいだに生じていたことは否定しようがない。それにもかかわらず、閣議決定に先立って韓国政府に照会することすらしなかった。

また、編入後も韓国政府に正式に通知をしたことは一度もない。一九〇五年八月、島根県知事ら四名は竹島を実地視察したが、韓国側との接触は一切行っていない。一九〇六年三月、神西由太郎らの一行が竹島視察を経て鬱陵島に赴き郡守沈興澤と面談したが、そもそもこれは天候急変による避難行為であったにすぎず、竹島日本領編入を伝えに行ったものではない。たまたま神西の口の端《は》にのぼったひと言によって伝わっただけであり、ものごとを順序立てて然るべく伝えようとする意思などさらさらなかったことは記録に明白である。

さて、ときに一九〇四年二月には日韓議定書が、同八月には第一次日韓協約が結ばれた。そして〇五年一月の竹島日本領編入を経て、同年一一月には第二次日韓協約が結ばれて大韓帝国の外交権はほぼ失われることとなった。そうした階梯《かいてい》を進みゆくなかで領土編入の閣議決定前後の諸動向があり、韓国側に事前照会も事後通告も一切考慮されていなかった。その点に注意しながら考えれば、当時の日本における韓国軽視の姿勢が鮮やかに浮かび上がってくることになる。それは、韓国に対する諸施策によって日に日に日本の政治的影響力が大きく膨らみゆくなか、次第に行動の自由を縛られつつある韓国に対してわざわざ事前照会・事後通告をする必要もないとする相手を見下した態度である。島根県告示での公表は国際法に照らしても合法だと主張するのは、開き直りでないならば、あまりにも配慮が足りない。

もし閣議決定の前に照会がなされていたら、どうなっただろうか。

一九〇六年三月、神西由太郎の発言を聞いた沈興澤は、「本郡所属独島」に関わる緊急報告を間髪入れずに上司に宛てて送付した。急報を受けた地方官・中央政府の高官たちいずれも、独島は韓国領であると即応した。独島が大韓帝国領であることを示す明文はどこにも見つからないが、彼らの発言の様子からすれば、〇六年までに独島に対する国家的領有の意識が存在したことを読み取るのは不可能ではない。そして〇四年九月にはすでに「独島」なる島名が鬱陵島在住朝鮮人知識層のあいだで頻用されていた。とすれば、〇四年のうちに日本側から照会がなされたならば、おそらくそこで「りゃんこ島」領有の正当性をめぐる議論が紛糾することになったに違いない。そこでは証拠の有無の提示や確認作業を必要とするから、少なくとも〇五年一月の閣議決定はできなかっただろう。

ラスク書簡は「この島は、かつて朝鮮によって領土主張がなされたとは思われません」（前掲ⓒ）と述べるが、〇五年一月の閣議決定前に事前照会がなされたとすれば、おそらく韓国政府は（証拠能力の有無はともかくとして）明確な領土主張を行ったはずである。そしてそうした主張は、「朝鮮の一部として取り扱われたことが決してなく」（前掲ⓐ）とする認識を覆す行為につながったはずである。

「石島」の再検討

既述のとおり、一九〇〇年の大韓帝国勅令第四一号第二条にいう石島が現在の竹島に該当することが直接的に論証されたことはこれまでに一度もなく、その限りではこの勅令を根拠史料として韓国政府の竹島に対する領有意識を証明することは困難である。

仮に勅令四一号にいう石島が竹島だったとすると、少なくとも一九〇四年には鬱陵島在住の朝鮮人知識層がこの島を「独島」と書いていることが史料上明らかなのだから、一九〇〇年と〇四年のあいだにおける島名の変更を説明せねばなるまい。その際、勅令第四一号の諸規定が、明文なしに変更容易であった事実に着目してみよう。たとえば第二条には「郡庁の位置は台霞洞に定め」とあるが、遅くとも一九〇六年には郡庁が道洞にあったことは明らかであり、道洞に移る前には羅里洞に郡庁が置かれていたことを窺わせる日本側史料も存在する。そうした郡庁の位置変更に際して、勅令に対する変更指令がいちいち出された形跡はない。とすれば、勅令四一号にいう石島が、一九〇四年には独島と書かれるような変更を、特段の命令等を経ずに蒙っていたと想定することが可能である。

もちろん、「于山島が竹島である」とする主張を続け、一八九九年の大韓帝国政府学部編輯の「大韓全図」に見える「于山島」も竹島と強弁しつづける限りは、勅令第四一号に見える「石島」の再評価の試みも挫折せざるをえない。また、石島がなぜ独島に変わったかについての説明が不足しており、現状のままではすべて可能性の域にとどまるものでしかない。その島に対する領有意識を公文書に残しているか否かを基準にして判断すれば、そうしたものは韓国側に見あたらない。

こうした点にも目配りすると、「ラスクの認識は妥当だ」と手放しでは評価できないのである。また、一九〇五年一月に「無主地先占」が成り立つのだと開き直ることや、竹島は「わが国の固有の領土」であると声高に叫びつづけることも穏当ではない。

竹島に関わる「固有の領土」論

本書冒頭「はしがき」において、日本外務省のいう「日本固有の領土である」という公式見解は、「むかしからずっと日本の領土であった」という意味ではない、と書いた。それは、北方領土および尖閣諸島の場合に顕著なように、歴史を遡ると日本領であったとは言えないが「いまだかつて一度も外国の領土となったことがない」から「日本固有の領土」だ、という論法であった。

竹島の場合はどうなのだろうか。この島もまた、歴史を遡ると日本領であったとは言えないが、「いまだかつて一度も外国の領土となったことがない」から「日本固有の領土」だと説明されるのだろうか。これが、本書における問いかけの出発点であった。

政治学研究者の木村幹《きむらかん》は、拙著池内［二〇一二］に対する書評のなかで「固有の領土」論について、次のように明快かつ簡潔な整理を行っており、現在における「固有の領土」論の概要を把握する上でたいへん有用である。ここを起点にしつつ、本書での論証をも併せながら、竹島に関わる「固有の領土」論を検討しておこう。

①竹島が日本の「固有の領土」である、と主張されるとき、そこで述べられているのは、竹島が「過去よりずっと日本により支配されてきた」ということではない。
②「固有の領土」論とは、特定の領土がその領有権をめぐる紛争が勃発する以前において……自国以外に支配されたことのない、という主張である。
③（したがって、竹島問題にあっては――引用者注）一九〇五年以前に他国、つまりは韓国が、この島を支配したことが有効に示されなければ自らの「固有の領土」論が成立する、という論理構造になっている。

右の整理に明らかなように、竹島問題における「日本固有の領土」論にあっては、一九〇五年一月から二月にかけての日本領編入が国際法秩序に則って正当になされたものである、という事実が第一義的に重要である。その上に立ち、一九〇五年一月より前に韓国によって支配された史実が証明されない限り、竹島は「日本固有の領土」なのだ、という。

こうした議論は、いつ頃から行われてきたものなのだろうか。「固有の領土」論が生み出された一九五五年頃からのことなのだろうか。一九五〇～六〇年代に繰り広げられた竹島問題をめぐる日韓両政府間の見解往復については第七章でも触れた。ここでは、それら見解往復とその後の両政府間における見解対立のなかで、「固有の領土」論がどのように適用されてきたかに絞って探ってみたい。

「日本固有の領土」の登場

「日本固有の領土」なる文言が竹島問題に即して初めて登場するのは、先述のように一九六二年の第四回日本政府見解においてである。このときの見解のうち（1）項に「日本国政府は、竹島が古くより日本固有の領土であると従来から明らかにして来た」とする表現が見え、また（7）項末尾にも「明治初期においても日本政府が竹島を日本固有の領土として認識し、その上に立って議論していた」とする部分がある。また「固有の領土」という言い方ではないが、（8）項には「竹島が古来から日本の領土であることは明らか」ともする。

これら「日本固有の領土」の意味は、今日使われている用法とは全く異なっている。それは、（1）の補足説明たる（2）項では、第一に「国際法上、ある地域が古くより一国の固有の領土であるか否かについては、その国が問題の地域について、これをいかに実効的に支配経営してきたかが最も決定的な要素となる」と述べ、第二に「日本は、古くより竹島についての正確な知見を有し、これをその領土として実効的に支配経営してきた」と主張し、そして第三に、この第四回見解において「今一度日本がいかに古くより実効的に竹島を支配経営してきたかの事実をまとめて記述」すると述べるからである。

ここで繰り返し強調される「古くより」という修飾語から明らかなように、ここでの用法は「むかしからずっと日本の領土であった」という意味であり、木村の整理①とは相容れない。また、(7)項末尾にいう「明治初期においても日本政府が竹島を日本固有の領土として認識し、その上に立って議論していた」とする主張も木村の整理②と明らかに矛盾する。今日の用法における「固有の領土」論は、「領土紛争が生じた」という特定の一時点でのみ有効に機能する主張と考えられているものであり、「明治初期においても」ほかの時期においても何時でも主張されるような性質の主張ではないからである。

ところで、日本政府見解第四回(1)項では、「日本国政府は、竹島が古くより日本固有の領土であると従来から明らかにして来た」と述べる。つまり第三回見解まで「固有の領土」という文言は現れないが、それでも内容としては「固有の領土」たる根拠を示してきたというのである。しかし実際に第二回・第三回日本政府見解で示されたのは、江戸時代から明治初年にかけて松島(竹島)が日本領であったとする論証である(第一回目は具体的な論証は何もなされない)。したがって、一九五三〜六二年における「竹島は日本固有の領土」論とは、「歴史的に古い時代から日本のものである」とする主張であり、今日の用法ではない。

今日の用法はいつ現れたか

「固有の領土」用語の今日的用法が一九五五年の北方領土交渉時に起源をもつにもかかわらず、竹島問題に即していえば、少なくとも一九六二年までは日本政府として「歴史的に古い時代から日本のものである」とする用法で使用されてきた。一方、現在、日本パンフで「韓国側からは、我が国が竹島を実効的に支配し、領有権を再確認した一九〇五年より前に、韓国が同島を実効的に支配していたことを示す明確な根拠は提示されていません」と強調するのは、明らかに今日的用法である。いったい、いつ頃から用法は変化したのだろうか。

実は、日本外務省は、竹島問題における「日本固有の領土」の意味について、これまで外務省として公式に説明をしたことが一度もない。竹島に関わる「固有の領土」用語の初見が得られてからまもない一九六五年、山辺健太郎《やまべけんたろう》が「日本の外務省などが、最近この竹島の領土のことを論じて、この島が『日本の固有の領土』だといっている。しかし、この『固有』ということばの定義はしていない」と述べている。その後も今日に到るまで一度も公式説明がなされない。

そこで試みに外務省の年次報告たる『外交青書』の記述を追いかけてみよう。「わが国の固有の領土である」とする記述が得られるのは平成二年（一九九〇）からである。このとき英訳では、“the exclusive rights on the island”とされる。その後の英訳を追うと、“Japanese territory" が平成三～四年（一九九一～九二）に使用され、平成一二年（二〇〇〇）以後は概ね一貫して "an integral part of Japan" が使用される。平成二五年（二〇一三）からは "an inherent territory of Japan" となり、これは現在も使用される英訳である。ここで、integral は「統一体を構成する一部分をなす、統一体を構成する部分・要素として不可欠な」といった意味であり、inherent は「本来備わっている、固有の」といった意味である。

一九五〇～六〇年代の竹島をめぐる日本政府見解に「固有の領土」は現れなかったが、それでも竹島が日本領だとする場合、英文表記としては "a part of Japanese territory" として現れるものが多い。なかには "an integral part of Japanese territory" と表記する場合も数例あり、「日本固有の領土」の初見時（一九六二年）についてもこの表記が使用される。

とすると、『外交青書』における integral の使用開始をもって今日的な用法に変化したと見なすわけにはいかない。むしろ注目すべきは inherent の使用開始時期である。この語をもって「竹島は日本固有の領土である」の訳語に当て始めるのは、今のところ、平成二〇年（二〇〇八）が上限である。この年に外務省は竹島パンフレットを初めて刊行し、その日本領たることの主張に力を入れ始めたが、その英文版では "Takeshima is clearly an inherent territory of Japan, in the light of historical facts and based upon international law." とするからである。

異なる用法の相互補完

竹島問題に即したときの「固有の領土論」は、「一九〇五年以前に韓国が竹島を支配した事実が有効に示されなければ「日本の固有領土」とする主張が成立する」という論理構造になっている。そうである以上は、竹島が一九〇五年以前においてすでに韓国領の一部と見なされていたとする韓国側主張を論破する必要こそあれ、一九〇五年より前に日本領だったとする論証を積極的になす必然性は全くない。一九〇五年における日本領編入の事実さえきちんと明らかにすればよいからである。

しかしながら、日本パンフでは、前近代において竹島がすでに日本領であったことの論証にもこだわりつづけている。それが、「我が国は、遅くとも……一七世紀半ばには、竹島の領有権を確立しました」なる外務省の公式見解である。これは明らかに「歴史的に古い時代から日本のものである」とする主張であり、古い「日本固有の領土」論である。なぜ、こうした古い議論にこだわりつづけるのだろうか。

この点に関わって、一九六二年の日本政府見解第四回の末尾に次のような一節があることに留意したい。

なお、韓国政府は「一九五九年一月七日付見解」において、島根県告示による竹島の編入は、「日清戦役以後の日本帝国主義の一連の侵略行為の一環であった」と述べ、また、一九〇四年の日韓協約による外交顧問の任命が、竹島編入の有効性に関係がある如く述べているが、韓国が島根県告示より以前から竹島を有効に経営していたということが立証されない限り、かかる議論は全く根拠がなく、同島編入が侵略行為であるという如き主権国に対する重大な非難は、最も高度な確実性をもって立証されるべきであって、韓国が全く事実に反する独断をもってかかる非難を行うことは断じて容認できない。

傍線部分は今日的な「固有の領土」論ときわめて似通った主張だが、このときの政府見解はこれをもって「固有の領土」の意とするものではない。一九六二年当時の日本政府は「固有の領土」を「歴史的に古い時代から日本のものである」とする趣旨で述べていたことは既述のとおりである。

さて、右の引用文の見解提示中において傍線部のごとき主張を行った最大の理由は、引用文全体から読み取れるように、一九〇五年一月の竹島日本領編入行為それ自体の正当性が争われたところにある。傍線部分は、こうした類の論争を回避するための主張である。

とすれば、竹島問題において今日的な「固有の領土」論を強調しはじめたのも、また同種の論争を回避する必要が生じたからではなかったか。ここで回避された論争とは、ありていに言えば、竹島の日本領編入は日本による韓国植民地化の歴史過程における強制的な編入であったか否か、とする論争である。それは二〇世紀初頭における日韓関係史を、日本人としてどのように見据えるかという歴史認識問題と不可分のものである。そうした歴史認識問題を回避するために今日的な「固有の領土」論が近年になって新たに強調されるようになったと考えられるのである。

ところで、外務省の固執する「歴史的に古い時代から日本のものである」とする古い「固有の領土」論は、今日の歴史学の実証水準に照らすと完璧に破綻《はたん》している。そのことは本書第二章〜第五章で具体的に論じてきたところである。そうでありながら、中学校・高等学校の社会科教科書に「竹島は日本固有の領土である」と明記されるのは、それが今日的用法だとくだくだしく説明するのが目的なのではない。むしろ「固有の領土」という言葉遣いによって「過去よりずっと自分たちの領土でありつづけてきた」とする印象を容易に与えたり受けたりするからである。つまり、古い「固有の領土」論を残すことによって、竹島が日本領であることについての国民的合意は、素朴な感覚に依拠しながら容易に獲得され、広がりをもつことになるのである。

いわば今日的な用法の「固有の領土」論は韓国に対する防衛線を張る議論として、古い

「固有の領土」論は日本国民における竹島を日本領とする合意形成を求めるものとして、それぞれに役割分担をしているのである。ここに中身の異なる「固有の領土」論の併存が放置される由縁がある。そしてこれら両論の併存こそは、竹島問題はもちろんのこと、そこにとどまらない自らの近現代史の歩みから日本人の目をそらせる役割を果たしているのである。

教科書記述の推移

本書冒頭で平成二三年度（二〇一一）検定済の中学校地理教科書の記述をひとつだけ例示した。同じ教科書について、平成一七年度、同一三年度検定済教科書へと遡りながら領土問題に関わる同じ項目を比較すると興味深い事実に気づく。平成一三年度検定済教科書では北方領土についてのみ二〇〇字未満の記述であったものが、同一七年度検定済教科書ではやはり北方領土のみ二五〇字ほどの記述へと分量が増える。そして同二三年度検定済教科書では竹島および尖閣諸島についても言及が初めてなされ、北方領土に関する記述自体も二七〇字ほどへと微増する。

本書冒頭で引用したものとは異なる出版社の教科書でも傾向は同じである。こちらも例えば平成一七年度検定済教科書では北方領土問題のみが扱われ、分量も一七〇字ほどである。同二三年度検定済教科書では竹島と尖閣諸島もそれぞれ一〇〇字、一二〇字ほどの分量が割かれており、沖ノ島島にも一〇〇字程度で言及するのが特徴的である。

さて、そうなると、平成二六年度（二〇一四）検定済（二〇一六年四月より使用開始）教科書の場合はどうなるだろうか。いましがた言及した出版社のもので現行の教科書（平成二三年度検定済）と次年度からの教科書（平成二六年度検定済）の関連記述を次に比較引用してみよう。その読後感については、本書をここまでお読みくださった読者の方々に委ねたく思う。

【現行の教科書】

一九〇五年に日本が島根県に編入した竹島は、総面積〇・二三km²ほどの小さな島で、日本固有の領土です。一九五二年から韓国が自国の領土であると主張し、一九五四年から不法に占拠しているため、日本は韓国に対して何度も抗議しています。

【次年度からの教科書】*

竹島は、本州からおよそ二〇〇kmはなれた日本海にある、日本固有の領土です。竹島周辺は豊かな漁場で、一七世紀初めには日本人が漁業などに利用していました。一九〇五年には島根県に編入されました。ところが一九五二年から、韓国が、一方的に自国の領土であると主張して竹島を取りこみ、警備隊員を常駐させたり、施設をつくったりして、不法に占拠しています。日本は、韓国に対して何度も厳重に抗議しています。

＊教科書会社ＨＰに掲載された「平成二八年度版内容解説資料」による。

どこに視点を据えるのか

本書は、日本パンフ・韓国パンフにも拠りながら、現在の日韓両政府における竹島領有の正当性の主張について、ひとつひとつ史実を丁寧に追究してみたものである。本書で述べた内容はすでに何度か整理したが、日本側・韓国側の主張には、どちらかが一方的に有利だというほどの大きな格差はない。あえて言えば、竹島を日本領にしたとする公文書が日本側にはあるが、韓国側にはそうした類の公文書がない、というところだろうか。けれどもこの差は決定的なように見えて必ずしもそうではない。彼我の差は決して大きくないにもかかわらず、日本も韓国も自分のほうに一方的に利があるかのごとく主張を繰り返してきた。

一九五〇～六〇年代の竹島をめぐる日韓両政府見解の往復や、日韓国交回復へ向けての時期、そして一九六五年の日韓基本条約締結による国交樹立、こうした時期を経て竹島問題は棚上げされてきた。議論の棚上げは、主張の応酬からは解決の糸口は見えなかったことによる次善の策であった。事態に動きが見えはじめるのは二〇〇〇年代に入ってからの盧武鉉《ノムヒョン》政権末期であり、李明博《イミョンバク》政権末期における大統領自らによる竹島上陸は火に油を注ぐ浅慮であった。こののちの竹島問題はもっぱらナショナリズムを鼓舞するものとして先鋭化されることとなった。

歴史学に限ってみても、文献史学の基本を放棄・逸脱した「論証」「論評」が日本でも韓国でも横行し、それが自らの主観を満足させるものであれば好感をもって迎えられ、そうでなければ厳しく排撃されるような傾向が強まった。そうした具体例は本書中でも紹介したところである。一部のマスコミはそうした動きに便乗し、竹島問題の解決にとって全く無意味な史料の発見を繰り返し報じてきたりした。たとえば、今日の竹島に日本列島と同じ色の施された江戸時代の古地図が発見された、といった類である。そこに「識者」が「重要な発見だ」とコメントを寄せるのも興ざめである。

ただし、二〇〇〇年代に入ってからの史料の公開と利用の促進は、この問題における議論の質を一気に高めることになった。その結果、日本でも韓国でも主張の如何を問わず、結果的に客観的な史実の確定が進んだ。今後ともこの流れを逆行させてはならないだろう。

さて、竹島問題を一気に解決することはきわめて困難である。そうしたなか、国際司法裁判所（ＩＣＪ）へ提訴して解決を委ねる、というのも一案である。ただしＩＣＪへ提訴するためには日韓両国の合意が必要であり、現状では韓国側が提訴に応じるとは考えにくい。それでも、仮にICJへの提訴が実現すれば日本が勝つ、と素朴に感じている人たちも少なくないだろう。

「勝つ」とは、いったいどういう状態を指すのだろう。争いごとの調停なのだから、結論が一〇〇対〇になることはありえない。何らかのかたちでの譲歩が必須となる。そして、仮に提訴がICJによって受理されれば、取り下げはできないことになっているから、出された結論は受容せざるを得ない。そのとき必ず何らかの譲歩を強いられることになるが、その覚悟が果たしてできているのか。そして、いずれ強いられる譲歩であれば、どのような譲歩が可能なのか、提訴する前から冷静に自省する必要がありはしないか。強いられる譲歩と主体的な譲歩と、いずれを選択すべきだろうか。

実証を置き去りにした言葉の言い換えで、それであたかも証明が果たされたかのごとく繕ってみせる傾向が近年とみに顕著である。日本人・韓国人を問わず、自らの弱点を謙虚に見つめ直し、譲歩へ向けて勇気をふるうことが、いま求められているのではないか。そのために、ややもすれば過熱しがちな議論に冷静さを取り戻すこと、そのために丁寧な史実の確定をすること、これが研究者として社会に寄与できる行為である。

あとがき

切り抜きは赤茶けてしまったが、一九七九年七月一〇日付の『朝日新聞』「天声人語」を今も手帳に挟んでいる。そこにこんな一節がある。

朝永《ともなが》さんが友人に語った話である。「夜、街灯の下で何かを捜している人がいた。『なにをなくしましたか』『カギをなくしました』『どこで』『実はあっちの暗い所なんですがね。暗いと捜すのが面倒なので、明るい所で捜しているんです』。いまの素粒子論というのは、つまりこんなことをしているんじゃないのかねえ」▼これは素粒子研究に対する批評である。しかし、本来、暗い所で捜すべきなのにそれを怠り、安易な道を選んで堂々めぐりをしている、というのはなにもこの分野に限った話ではない▼朝永さんは終始、核廃絶を訴え続けた。人類は平和へのカギを核時代の暗い谷間に見失ってしまった。しかも暗い谷間にわけ入ってそれを捜す努力を怠っている。そのことに対する危機意識が、あの四年前の、核廃絶を求める朝永・湯川《ゆかわ》宣言にはみなぎっている。

天声人語の日付は、筆者が大学二年生の夏にあたり、将来の専門をどのように選択すべきか思い悩む日々のなかにあった。その日、朝永振一郎《しんいちろう》の皮肉にいたく刺激を受けて、記事を切り抜いて机に貼った。そして、京都三条河原町にあった丸善書店へ出かけて行って、『量子力学的世界像』を買い求めて一気に読んだ。

もとより朝永振一郎・湯川秀樹《ひでき》と肩をならべようなどとは露だに思わない。しかしながら、研究者が自らの専門に閉じこもるのではなく、現実の「暗い谷間にわけ入ってそれ（平和へのカギ）を捜す努力」を重ねること、本書はそうした目標をもった小冊子である。

おそらくは、相手の弱点ばかりをあげつらい、どんな論法を使ってでも相手を打ち負かしたいと考える人たちは、日韓を問わず、本書に対して悪罵《あくば》を投げつけるに違いない。また、同じことの言い換えだが、小著が示した史実の数々に対して「私はそうは思わない」とする「識者」は日韓を問わず少なからず現れるだろう。「思う／思わない」は「識者」の自由である。本書が明らかにしたのは、現在の歴史学の方法と水準にしたがえば「このような史実として確定せざるをえない」ということばかりである。承服できないのであれば、反証を提示し、同様の水準に立った学問的手続きを経た上で「そのような論証は成り立たない」ことを論じなければ、まるで意味をなさない。筆者は、自らの主張をも省察しつつ問題の解決を願う人びとともに歩み続けたく思う。なお、本書は既発表の拙著・拙稿を下敷きにしている。新書という性質上、細かな史料提示はできなかったし、繁雑にわたる論証過程は省かざるをえなかった。より詳細な論拠・論証を必要とされる場合には、巻末に挙げた拙著・拙稿にあたっていただきたい。

さて、本書のなりたちに関わって記しておきたいことがいくつかある。

二〇一四年の年頭、ある大学教授から電話があった。社会科教科書の執筆者のひとりが「日本の竹島に対する領有権は遅くとも一七世紀には確立した」と明記すると主張して譲らないという。拙著・拙稿を丁寧に読み込んでくださった電話の主は「あなたの研究で明らかになった史実に従うのがよいと思うのだが、どうにも聞いてくれないのです」という。拙著・拙稿の趣旨を電話口で繰り返しながら、ふと「遅くとも一七世紀には云々、というのは政府見解ですから官邸や外務省のホームページにもそのように記されています」とお話ししたところ、電話の主は不意に黙り込んでしまった。やがて「それでは仕方がありませんね。教科書には政府見解を書き込むようにとの強い指導がなされているのです。そうですか、それで事情が呑み込めました」とおっしゃって、電話は切れた。筆者はその場で拙稿「竹島領有権の歴史的事実にかかわる日本政府見解について」の草稿を書きはじめた。本書はその延長線上に位置するものである。

もうひとつだけ、本書を理解していただくための思い出を記しておきたい。

堀和生の論文「一九〇五年竹島の日本領編入」は、竹島問題を考えるときに避けることのできない古典的な名作である。今ではいくつか訂正を要する点が生じてはいるものの、大筋として堀の立てた論は生きており、堀論文との格闘を抜きにして竹島問題を論じることはありえない。

堀論文が出るまでの竹島問題研究のスタンダードは川上健三『竹島の歴史地理学的研究』であった。川上の研究は、今となっては、竹島問題の歴史を語る際には言及が不可欠だが、その問題解決を求める上では価値を著しく減じた過去の作品となった。堀は、スタンダードであった時代の川上の研究に対し、その不誠実さを徹底的に追究し、先の論文を書き上げた。堀論文が明らかにしたオリジナルな点はいくつもあるが、一八七七年の太政官指令「竹島外一島は本邦関係無之」の再発見や軍艦新高の航海日誌に「独島」なる語を見いだしたことなどは、研究環境が現在とは比較にならない一九八〇年代のことを想起するとき、格別に高く評価すべき成果である。当時の堀の苦労と執念を思わずにはいられない。

そうでありながら、本書は、堀論文が最も重視した論点をあえて避けた。日露戦争の遂行過程で竹島の日本領編入がなされたという史実に注目すべきだ、という論点である。

実は、二〇〇〇年の春浅い日、堀と二人で竹島問題の新書を書こうと約束をしたことがある。その日、京都三条蹴上《けあげ》のホテルで二人の恩師朝尾直弘の紫綬褒章受章を祝う会があり、会のあとホテルから東山三条までの肌寒い暗がりを二人きりで歩いた。「近現代は僕が書くから、前近代はおまえが書け」と堀は言った。当時（そして多分現在も）、竹島問題を偏頗《へんぱ》なく理解するのに適切な新書サイズの概説書がなかったからである。約束がなかなか実現できないまま、筆者は前著『竹島問題とは何か』を刊行し、いま本書を刊行する。これは一六年前に交わした堀との約束を破る行為に等しく、そうしたときに堀による最も大事でオリジナルな論点を筆者自らのものとして書くわけにはいかなかった。本書中に日露戦争への言及が手薄となった理由はただこの点にこそ求められる。こうした事情をも併せて本書をお読みいただければと願う次第である。

本書は、中公新書編集部の小野一雄さんから数々の助言を頂戴し、また編集部および中央公論新社の会議をいくつも経てようやくここに到った。学問としての筋を通しながら、広く読者にわかりやすいものになるよう、ずいぶんとたくさんの修正をしていただいた。書名も帯も小野さんをはじめとする編集部の皆さんに決めていただいた。皆さんのご苦労と配慮に心より感謝する。

小野さんを紹介してくださったのは、『日本の近世』第一六巻〈民衆のこころ〉で御一緒した藪田貫さんと麻生昭彦さんである。〈民衆のこころ〉の編者はひろたまさきさんであった。ひろたさんのリーダーシップで執筆者はみな京都市内の小さな旅館に泊まり込み、お互いの息づかいを身近に感じながら〈民衆のこころ〉の議論を重ねたことを懐かしく思い出す。たたき台にと提示されたひろたさんの原稿はいつも手書きだった。柔らかな書体と声に笑顔、なのに冷徹で刺すような眼差しが忘れられない。

不条理な圧力に左右されることなく、学問的な手続きを経て到達した真実に従って自由な討論と発言ができる。そういう社会を次世代に引き継いでいけたらと切に願う。

二〇一五年一二月二五日

池内　敏

参考文献

池内敏［一九九九］「竹島渡海と鳥取藩――元禄竹島一件考・序説」、『鳥取地域史研究』第一号
――［二〇〇六］『大君外交と「武威」』名古屋大学出版会
――［二〇一二］『竹島問題とは何か』名古屋大学出版会
――［二〇一四］「竹島領有権の歴史的事実にかかわる日本政府見解について」、『日本史研究』第六二二号、二〇一四年六月
――［二〇一五a］「「国境」未満」、『日本史研究』第六三〇号、二〇一五年二月
――［二〇一五b］「「海図」「水路誌」と竹島問題」、『名古屋大学附属図書館研究年報』第一二号、二〇一五年三月
――［二〇一五c］「「竹島は日本固有の領土である」論」、『歴史評論』第七八五号、二〇一五年九月

大熊良一［一九六六］『歴史の語る小笠原島』南方同胞援護会
――［一九六八］「幕末文久時における小笠原島の開拓」、『政策月報』第一四五号、一九六八年二月
川上健三［一九六六］『竹島の歴史地理学的研究』古今書院
木村幹［二〇一四］「池内敏著『竹島問題とは何か』（書評）、『東洋史研究』第七二巻第四号、二〇一四年三月
杉本史子［二〇一五］「新たな海洋把握と「日本」の創出――開成所と幕末維新」、『日本史研究』第六三四号、二〇一五年六月
宋炳基［二〇一〇］『鬱陵島と独島、その歴史的検証』歴史空間（ソウル）
宋彙栄［二〇一二］「近代日本の水路誌に現れた鬱陵島・独島認識」、『大丘史学』第一〇六号（韓国・大邱）
第三期竹島問題研究会編［二〇一四］『竹島問題一〇〇問一〇〇答――日本人として知っておくべきわが国固有の領土』、『WiLL』二〇一四年三月号増刊、ワック
チョンヨンファ、イチョンギュ［二〇〇五］「鬱陵島の考古学的研究」、嶺南大学校民族文化研究所『鬱陵島・独島の綜合的研究』嶺南大学校出版部（韓国・大邱）
塚本孝［一九九四］「平和条約と竹島（再論）」、『レファレンス』第四四巻第三号（第五一八号）、一九九四年三月

――［二〇〇二］「竹島領有権をめぐる日韓両政府の見解（資料）」、『レファレンス』第五二巻第六号（第六一七号）、二〇〇二年六月
――［二〇一一］「韓国の保護・併合と日韓の領土認識――竹島をめぐって」、『東アジア近代史』第一四号、二〇一一年三月
豊下楢彦［二〇一二］『「尖閣問題」とは何か』岩波現代文庫
名嘉憲夫［二〇一三］『領土問題から「国境画定問題」へ――紛争解決論の視点から考える尖閣・竹島・北方四島』明石書店
羽場久美子［二〇一三］「尖閣・竹島をめぐる「固有の領土」論の危うさ――ヨーロッパの国際政治から」、『世界』第八三九号、二〇一三年二月
服部英雄［二〇一一］「宗像の島々・小呂島、沖ノ島、大島の歴史と地誌」、「宗像・沖ノ島と関連遺産群」世界遺産推進会議編『「宗像・沖ノ島と関連遺産群」研究報告Ⅰ』プレック研究所
舩杉力修［二〇〇七］「絵図・地図からみる竹島（Ⅱ）」、『「竹島問題に関する調査研究」最終報告書』竹島問題研究会
――［初出不明］「日本側作製地図にみる竹島（1）」、http://www.pref.shimane.lg.jp/admin/pref/takeshima/web-takeshima/takeshima04/takeshima04-1/takeshima04-e.html、二〇〇七年一一月九日掲載
堀和生［一九八七］「一九〇五年日本の竹島領土編入」、『朝鮮史研究会論文集』第二四号、一九八

七年三月
山辺健太郎［一九六五］「竹島問題の歴史的考察」、『コリア評論』第七巻第二号、一九六五年二月
和田春樹［二〇一二］『領土問題をどう解決するか——対立から対話へ』平凡社新書
＊ここに示したのは、主に本書執筆に際して利用したものを挙げたにすぎない。より多くの参考文献リストについては、拙著（池内［二〇一二］）巻末の文献一覧等を参照されたい。
＊本書刊行後、以下の小稿を発表した。
池内敏［二〇一六］「日本外務省による大谷家文書調査」、『名古屋大学附属図書館研究年報』第一三号、二〇一六年三月
——［二〇一七］「独島の活用実態と領有権」、『独島研究』第二三号、嶺南大学校独島研究所（韓国）
——［二〇一九］「十七世紀竹島漁業史のために」、『名古屋大学人文学研究論集』第二巻、二〇一九年三月
——［二〇一九］「「老中の内意」考——幕府は竹島漁業を公認・許諾したか」、『日本史研究』第六八二号、二〇一九年六月

池内 敏（いけうち・さとし）

1958年（昭和33年），愛媛県に生まれる．京都大学文学部卒業．京都大学大学院文学研究科博士後期課程中退．博士（文学）．鳥取大学教養部助教授などを経て，現在，名古屋大学大学院文学研究科教授．専攻，日本近世史，近世日朝関係史．

著書『近世日本と朝鮮漂流民』（臨川書店，1998年）
『「唐人」殺しの世界』（臨川書店，1999年）
『大君外交と「武威」』（名古屋大学出版会，2006年）
『薩摩藩士朝鮮漂流日記』（講談社選書メチエ，2009年）
『竹島問題とは何か』（名古屋大学出版会，2012年）
『絶海の碩学』（名古屋大学出版会，2017年）
『日本人の朝鮮観はいかにして形成されたか』（講談社，2017年）
ほか

竹島《たけしま》
——もうひとつの日韓関係史《にっかんかんけいし》

中公新書 *2359*

2016年1月25日初版
2021年1月30日再版

著　者　池内　敏
発行者　松田陽三

本文印刷　暁印刷
カバー印刷　大熊整美堂
製　本　小泉製本

発行所　中央公論新社
〒100-8152
東京都千代田区大手町1-7-1
電話　販売 03-5299-1730
　　　編集 03-5299-1830
URL http://www.chuko.co.jp/

Published by CHUOKORON-SHINSHA, INC.
Printed in Japan　ISBN978-4-12-102359-9 C1221

中公新書刊行のことば

一九六二年一一月

いまからちょうど五世紀まえ、グーテンベルクが近代印刷術を発明したとき、書物の大量生産は潜在的可能性を獲得し、いまからちょうど一世紀まえ、世界のおもな文明国で義務教育制度が採用されたとき、書物の大量需要の潜在性が形成された。この二つの潜在性がはげしく現実化したのが現代である。

いまや、書物によって視野を拡大し、変りゆく世界に豊かに対応しようとする強い要求を私たちは抑えることができない。この要求にこたえる義務を、今日の書物は背負っている。だが、その義務は、たんに専門的知識の通俗化をはかることによって果たされるものでもなく、通俗的好奇心にうったえて、いたずらに発行部数の巨大さを誇ることによって果たされるものでもない。現代を真摯に生きようとする読者に、真に知るに価いする知識だけを選びだして提供すること、これが中公新書の最大の目標である。

私たちは、知識として錯覚しているものによってしばしば動かされ、裏切られる。私たちは、作為によってあたえられた知識のうえに生きることがあまりに多く、ゆるぎない事実を通して思索することがあまりにすくない。中公新書が、その一貫した特色として自らに課すものは、この事実のみの持つ無条件の説得力を発揮させることである。現代にあらたな意味を投げかけるべく待機している過去の歴史的事実もまた、中公新書によって数多く発掘されるであろう。

中公新書は、現代を自らの眼で見つめようとする、逞しい知的な読者の活力となることを欲している。

現代史